OS ANOS DA
Rolling Stone

Cada Foto Conta uma História

Baron Wolman

OS ANOS DA
Rolling Stone
Cada Foto Conta uma História

Tradução:
Rosalia Munhoz

MADRAS

Publicado originalmente em inglês sob o título *Every Picture Tells a Story... The Rolling Stone Years*, por Omnibus Press.
© 2011, Omnibus Press.
© 2011, Texto: Baron Wolman/Omnibus Press.
Todas as capas e páginas usadas com permissão.
© *Rolling Stone*/ Wenner Media.
Foto das páginas 2 e 180: Psychedelic Liquid Light Show, de Light Sorend Dimension (LSD), São Francisco, 1968.
Direitos de edição e tradução para todos os países de língua portuguesa.
Tradução autorizada do inglês.
© 2012, Madras Editora Ltda.

Editor:
Wagner Veneziani Costa

Fotos:
Baron Wolman

Produção e Capa:
Equipe Técnica Madras

Tradução:
Rosalia Munhoz

Revisão da tradução:
Ana Verbena

Revisão:
Aparecida Pereira S. Maffei
Silvia Massimini Felix
Renata Brabo

Dados Internacionais de Catalogação na Publicação (CIP)
(Câmara Brasileira do Livro, SP, Brasil)

Wolman, Baron
Os anos na Rolling Stone: cada foto
conta uma história/Baron Wolman; tradução
Rosalia Munhoz. – São Paulo: Madras, 2012.
Título original: Every picture tell a story: the Rolling Stone years.
ISBN 978-85-370-0763-1

1. Fotografias – Retratos 2. Músicos de rock – Retratos 3. Wolman, Baron I. Título.

12-04804   CDD-782.42166

Índices para catálogo sistemático:
1. Documentaristas fotográficos: Rock:
Músicos: Retratos 782.42166

É proibida a reprodução total ou parcial desta obra, de qualquer forma ou por qualquer meio eletrônico, mecânico, inclusive por meio de processos xerográficos, incluindo ainda o uso da internet, sem a permissão expressa da Madras Editora, na pessoa de seu editor (Lei nº 9.610, de 19.2.98).

Todos os direitos desta edição, em língua portuguesa, reservados pela

MADRAS EDITORA LTDA.
Rua Paulo Gonçalves, 88 – Santana
CEP: 02403-020 – São Paulo/SP
Caixa Postal 12183 – CEP: 02013-970
Tel.: (11) 2281-5555 – Fax: (11) 2959-3090
www.madras.com.br

Baron Estava Lá

É para o rosto, a expressão do rosto, que Baron é mais sensível. Você vê os fotografados como ele os viu, capturados quando ele clicou. A gravadora dizia aos artistas que gravavam para estarem lá. Isso não lhes garantia momentos aprazíveis enquanto eram documentados. Existem certos documentaristas fotográficos cujas imagens simplesmente mostram o medo discernível nos olhares dos pobres fotografados, como se estes, teimosos, estivessem sendo mantidos presos no lugar por tenazes de cabeças. Nas fotos de Baron existe aceitação e, na maioria das vezes, prazer, mostrados em uma piscadela de um olho, um leve sorriso gentil e matreiro ou um sorriso encantador, e nunca o medo, em geral gerado por determinadas exigências desconfortáveis da propaganda e da publicidade contemporâneas.

A inocência descontraída dessas primeiras imagens reflexivas acabou se transformando nas fotografias construídas que, hoje em dia, dominam a cultura pop. Há menos tempo, menos acesso e, em uma época de câmeras nos celulares e sites de internet com fofocas de celebridades, como TMZ, talvez haja menor interesse em um retrato honesto, poderoso e simples. Hoje, todos sabem ser seu próprio produto. No passado, nas fotografias de Baron, os fotografados parecem saber que são suas próprias personalidades, com controle de sua imagem, ao simplesmente se colocar nas mãos dele munidas de uma câmera. Portanto, esses rostos abertos, engraçados, resmungões, estáticos, ainda permanecem para nós nessas fotografias maravilhosas de Baron Wolman.

A imagem, em geral, é uma parceria entre o fotografado e o fotógrafo. Eu entendo que Baron considerou aquela foto de Pete Townshend com os braços estendidos e um olhar em direção à câmera como um presente, uma pose mantida apenas por um momento a mais, para garantir que Baron "pegasse" a foto. A imagem é essa, Pete Townshend posa, braços em um V triunfante, usando babados brancos e lamê. Mas que expressão! Quase um rosto impassível de Buster Keaton feito para Baron. Em outra foto, nas coxias, Baron está invisível, a pose do fotografado desfeita e sua postura está relaxada. É um contraste com a postura heroica do palco, em que a pose de Pete é absolutamente horrível, o peso de todas aquelas Les Pauls já curvando seu contorno delgado para o teclado do órgão Hammond, enquanto um Keith casual observa e um Roger sorridente conversa.

É um deleite escrever sobre uma imagem de Baron Wolman; mesmo sua foto mais simples tem algo a dizer. Um retrato de Miles Davis em casa tornou-se um de meus favoritos só de olhá-lo sentar-se, meio fora do ar, vestido em um traje espacial com franjas, os olhos focados em um lugar tão distante que parece voltar para trás de si. A foto faz você se perguntar: será que Miles pretende dizer que o espaço é curvo, mesmo? Sua imagem bidimensional está atrás. Um cenário pintado com esperança de ouvir um trompete distante em surdina.

Mesmo quando posadas, como Jerry mostrando com orgulho seu dedo perdido, ou uma Janis entronada, ou Frank Zappa sentado complacente em um trator, eles permanecem confortavelmente eles mesmos. Essas imagens aconteceram por uma razão, Baron estava lá. Foi dado a ele acesso absoluto aos seus fotografados e isso acontece pouco hoje em dia. Ele e apenas alguns outros estavam lá e encapsularam momentos preciosos da vida do rock 'n' roll. Hoje, parece que o solo que eles palmilharam, Nikons e Leicas balançando, era praticamente inexplorado. No passado, as publicações contavam principalmente com fotos de promoção das gravadoras, o que permitia a Baron escolher suas fotos, na maioria das vezes, sem pressão de empresários preocupados com questões de construção de imagem. E ele fez as escolhas com olhar de águia para os momentos que o comoviam e agora nos comovem, em filmes que rodou em sua câmera há aproximadamente 40 anos. Aqui estão elas, ainda frescas, ainda vivas, graças a Wolman e companhia.

Jim Morrison em glória interior estática, beatífica, aninha-se em um Dylan de olhar penetrante, roupas justas lado a lado com um Jagger *Jumpin' Jack Flash*, boca escancarada em um relaxado logo dos Stones. Lá estão Carlos e Jerry, Jimi, Pete, Janis e George Harrison preenchendo as bordas, ao longo da parte superior do website de fotografias de Baron Wolman (www.baronwolman.com). Ele é heroico, é um panteão semelhante àquele de deuses gregos, de rostos alinhados do rock 'n' roll em um desarranjo sublime.

O designer de web extraiu a essência das fotos de Baron – as pessoas. Essas não são apenas pessoas, mas deuses do rock. Ora, nas fotos de Baron os deuses do rock são deuses, simplesmente por sua presença em toda a plenitude; você os vê sendo tocados pela música enquanto a executam e isso ainda de algum modo nos emociona, tal como eles se emocionaram com as músicas quando foram feitas – ou assim esperamos. Jerry senta-se no meio, como um Zeus pateta sustentando o teto, somente um ser búdico. Existem basicamente três tipos de fotografias, aqui. Performances ao vivo em shows, retratos documentais e retratos de estúdio, semiposados. De todo o panteão, apenas Jerry Garcia percebe quem está com a câmera e fica feliz com o encontro.

Isso está no rosto, o rosto humano, aqui menos uma máscara e mais um espelho, para algumas almas dançantes, em total celebração da vida. O resto das imagens de Wolman é composto em torno dos rostos eternamente expressivos, de momentos eternos criados por esses músicos.

Lá atrás, nos anos 1960, não havia muitos fotógrafos, além de Baron e Jim Marshall, que trabalhavam nessa área. Baron e Jim e poucos outros forneceram as imagens que mostraram a revolução dos anos 1960 em toda a sua glória icônica e iconoclasta. Mas, para mim, as de Baron são algo à parte, pela humanidade consistente em suas imagens. Sejam elas retrato de estúdio, documento de coxia ou uma foto de performance no palco, os fotografados de Baron parecem sempre incorporar a essência de si mesmos.

Tony Lane, ex-diretor de arte da *Rolling Stone*, Oakland, Califórnia.

O Nome do Jornal era *Rolling Stone*

Eu estava com 32 anos e mantinha em funcionamento com um amigo a primeira *headshop** de Los Angeles, a terceira no país, de acordo com a *Newsweek* quando fez uma reportagem sobre nós – uma pequena loja, perto do campus da Universidade da Califórnia, em Los Angeles [UCLA], chamada Headquarters. Eu também escrevia, tanto uma coluna semanal como colunas regulares, para dois jornais "marginais", o *Los Angeles Free Press* e o *Open City*, entre os muitos que oferecíamos à venda. Um dia, no fim de 1967, alguém trouxe um jornal e perguntou se o venderíamos. O nome do jornal era *Rolling Stone*.

Eu disse: "Claro, coloque-o lá na mesa com os outros". Dei uma olhada em uma cópia e percebi um anúncio pedindo colaboradores freelancer. Eu tinha visto, recentemente, os Doors tocarem no Cheetah Ballroom, na praia de Santa Mônica, onde tínhamos uma filial pequena da loja. Considerei pretensioso o mergulho que Jim Morrison deu do palco para a plateia e disse isso em minha resenha. O artigo foi publicado no quinto número do pequeno tabloide, e eu recebi um cheque de 15 dólares.

Na época em que enviei meu primeiro artigo, alguém mais estava listado na página do editorial quinzenal como correspondente em Los Angeles. Aparentemente ele não vinha mandando muito material, e o editor – Jann Wenner – um recém-graduado da Universidade da Califórnia [UC], em Berkeley, pediu-me para ficar em seu lugar. Eu não acreditava que a *Rolling Stone* duraria muito mais do que minha loja ou os Doors, mas como não ganhava dinheiro vendendo grampos para segurar baganas e seda para os estudantes da UCLA, acabei aceitando o emprego.

---

*N.T.: Loja especializada em apetrechos para utilização de drogas, principalmente maconha.

Bem, como a história deixou bastante claro, eu estava errado sobre Jim Morrison e The Doors, e estava errado sobre a *Rolling Stone*. Além disso, nos anos que se seguiram após eu dizer meu "sim" a Jann, minha vida mudou completa e maravilhosamente. Do mesmo modo, também, as vidas (e estilos de vida) de milhões, muitos deles fãs dos Doors, a maioria leitores ávidos da *Rolling Stone*.

Baron Wolman foi um deles. Ele tinha 30 anos quando encontrou com Jann – então com 21 – em um simpósio de um dia, sobre rock 'n' roll, organizado pelo Mills College em Oakland, Califórnia. Na época, Jann trabalhava como colaborador para o *Sunday Ramparts* e escrevia para o *Daily Californian* da UC Berkeley. Com o apoio de Ralph Gleason, o colunista de música de 50 anos para o *San Francisco Chronicle*, ele estava tentando levantar dinheiro para lançar a *Rolling Stone* (mais tarde explicarei minha insistência em identificar a idade de todos). Jann disse a Baron que precisava de um fotógrafo na equipe, e eles rapidamente fizeram um acordo. Baron disse que tiraria fotos de graça se Jann pagasse os filmes e a revelação e lhe desse participação na nova empresa, como pagamento por seus serviços. Baron também deixou claro que manteria os direitos sobre as fotografias, embora Jann pudesse fazer uso ilimitado das mesmas.

Eu, honestamente, não me lembro de como fui pago, mas não era uma soma impressionante e não existiam férias, vantagens ou benefícios oferecidos para nenhum de nós, a não ser os que conseguíssemos por acaso enquanto estávamos trabalhando. Nós dois já éramos *habitués* da cena e isso não precisava ser mencionado. Embora algum leitor possa pensar que estou falando de suborno, sugiro apenas que assista à pungente mas acurada recriação feita por Cameron Crowe de sua própria vida durante esse período, no filme *Quase Famosos,* de 2000. Cameron foi um dos muitos colaboradores renomados da *Rolling Stone* a emergir durante os anos de 1960 e 1970. Seu filme sobre o que era viajar pela estrada com uma banda, em uma missão para a revista que seria a de maior sucesso no planeta, faria qualquer um que viveu naquela época desejar voltar no tempo, e os que não viveram desejariam ir para lá neste momento (Cameron tinha, então, apenas 16 anos).

Foi – sem sombra de dúvida – uma época gloriosa, tanto de celebração como de liberação, quando os sonhos mais deliciosos se realizaram. Também foi um período de exagero e hipérbole, mas quando alguém, em 1967, cunhou a frase "Verão do Amor", não deixava de ser verdade. Aquela foi a estação do Monterey Pop Festival e do lançamento do clássico dos Doors "Light My Fire", do primeiro álbum do Jefferson Airplane e da obra-prima dos Beatles *Sgt. Pepper's Lonely Hearts Club Band*.

A única mídia de música na época era a imprensa "conservadora", periódicos entediantes comerciais, como *Record World*, *Cashbox* e *Billboard*, que cobriam o "negócio da música" com estatísticas e servilismo. Jann e Ralph viram a necessidade e oportunidade, como Baron colocou, "de um tipo de jornal que refletisse um interesse maior, pessoal, dos que ouviam música, e para os quais ela se tornara parte da vida". O primeiro número foi em 9 de novembro de 1967 e, como Baron e eu compreendíamos, nossa missão de trabalho era rolar por aí na música e, então, compartilhar nossa experiência com quantos leitores Jann pudesse atrair.

Uma pequena revista soberba chamada *Crawdaddy* antecedera a *Rolling Stone* em um ano, mas o empreendimento de Jann logo ficou à frente dela e tornou-se o veículo que parecia refletir com maior precisão os desejos e os sonhos de seus jovens leitores. Para a geração de meus pais, a Sears e os catálogos da Roebuck haviam sido o "livro dos desejos", no sentido de "Gostaria de ter dinheiro para comprar aquilo". Para a geração da *Rolling Stone*, ela era o livro dos desejos, no sentido de "Eu gostaria de estar em São Francisco, para poder fazer isso também". Não era muito fácil a vida nas regiões remotas do interior da América em 1967.

Em poucos anos, Jann e seu time haviam resolvido isso, criando não apenas uma nova janela pela qual os leitores das cidades e vilarejos mais remotos podiam olhar para o mundo como desejavam que ele fosse. Ele também produziu um tipo de manual de como os leitores da *Rolling Stone* poderiam reconfigurar seus estilos de vida e, talvez, apenas talvez, descer por aquele buraco de coelho onde Grace Slick cantou: "Alimente sua cabeça!". Pode ter sido a única revista na história com a qual você podia dançar.

No fim, ela forneceu uma plataforma para alguns dos escritores e fotógrafos mais criativos da geração e colocou Jann no topo da montanha midiática do século. O que Henry Luce tinha sido para uma geração anterior e Hugh Hefner seria para a seguinte, Jann tornara-se para a que se seguiu. Eu havia casado recentemente e vivia em Laurel Canyon, que na época era a "central do rock 'n' roll" em Los Angeles e, uma vez que me unira à equipe, Jann dormia em nosso sofá, de vez em quando. Ele parecia ter dois objetivos principais ao fazer essas visitas: uma era me chutar na parte certa, quando ele pensava que eu precisava terminar reportagens de capa. Mais importante era sua atividade de angariar fundos, que compreendia viagens até os escritórios das gravadoras para implorar por adiantamentos por futuros anúncios, para manter o jornal em pé. Na época, a *Rolling Stone* estava, e estaria por muitos anos, em crise financeira.

As gravadoras também se viam em um estado de confusão naquele tempo, enquanto os geriatras de Sinatra e até os dinossauros de Elvis tentavam compreender o que era esse submundo do rock, não sabendo ao certo se deveriam endossá-lo ou não. Nós éramos, afinal, um bando de hippies cabeludos contra o *status quo*, que tomavam ácido, marchavam nas ruas e faziam sexo grupal. No fim, creio que eles ficaram com medo de não nos dar apoio. Por isso acabaram nascendo também os "malucos da empresa", os intérpretes daquela cultura, que serviram de ponte entre os executivos (que também começaram a usar colares hippies) e os músicos e outros, com quem os executivos tinham pouco em comum. Em geral, eles eram chamados de homens A&R.* Tenho certeza de que vários dos executivos das gravadoras deram muita bronca em Jann a respeito de seu orçamento, mas também lhe davam os adiantamentos de que precisava.

Era indiscutível a crença dele no poder da música e sempre, sempre estava a postos para defendê-la. Eu também pensava

---
*N.T.: A&R – Artistas e Repertório.

em Jann como um editor instintivo, abençoado com a habilidade de saber o que seria a próxima grande jogada, antes que ninguém mais percebesse; de vez em quando ele fazia escolhas esquisitas para a capa, mas, quando o número chegava às bancas, seu palpite quase sempre estava certo. Eu pensava que ele era um "menino", dez anos mais novo do que eu e claramente com pouca experiência, mas também o considerei um bom editor.

Tudo bem. A questão da idade. Abbie Hoffman era um anarquista, amante do prazer, que se autointitulava um *Yippie*, um dos caras espertos que, em uma convenção democrata de 1968, haviam sido presos pelo seu comportamento e, mais tarde, processados como os "Dez de Chicago". Uma de suas frases é a famosa "Não confie em ninguém com mais de 30 anos". E ela se tornou a frase típica da era (você tem menos de 25? Seria considerado o "Homem do Ano" pela revista *Times* em 1966!). Isso fez com que Jann fosse aceito, e também Baron e eu, mas definitivamente não Ralph Gleason (Cameron Crowe era bastante aceitável). No fim, não importava. Era "onde" estava sua cabeça, como costumávamos dizer, e não quanto cabelo grisalho havia nela.

Baron Wolman estava no centro de tudo isso. Foi sua fotografia e os escritos e atitudes da equipe leal de contratados e colaboradores, que formaram as bases em que o futuro da *Rolling Stone* foi construído. Baron fez parte da equipe da *Rolling Stone* durante três anos – como eu, embora eu tenha voltado mais tarde como correspondente londrino por um ano e permanecido nos créditos como editor colaborador por algum tempo –, mas esses foram os anos de formação. Annie Leibovitz sucedeu Baron. No início dos anos de 1970, depois que ele saiu, a equipe incluiu uma série de petardos dentre os quais estavam Hunter S. Thompson e seu ilustrador inspirado e parceiro Ralph Steadman, Joe Eszterhas, Tim Cahill, Greil Marcus e Jon Landau, entre muitos mais, mas a trilha já estava marcada.

As imagens de Baron não se tornaram tão memoráveis ou comerciais quanto as de Annie. Nem tinham tal pretensão. Enquanto Annie fez coisas como colocar Mama Cass em uma banheira de chocolate (bem antes de Whoopi entrar em uma banheira de leite) – em geral, parecia, pelo efeito causado –, Baron clicava para uma revista em formato de jornal, durante aqueles primeiros anos em que você lia a *Rolling Stone* e ficava com tinta nos dedos. E enquanto Annie fotografou retratos, Baron foi, quase sempre, um fotojornalista, preferindo, em suas palavras, capturar seus fotografados "como ele ou ela eram na vida. Quando os vídeos de música se insinuaram em nossa vida", disse, "os músicos ficaram cada vez mais conscientes de sua imagem pública e começaram a sentir que precisavam administrar essa imagem. As habilidades fotográficas que Jim Marshall, eu e outros fotógrafos talentosos trouxemos para a cena musical foram suplantadas por imagens superestilizadas, produzidas na maioria das vezes em estúdio. Essas imagens eram publicadas apenas com consentimento do músico e do empresário dele ou dela."

Essa é uma boa avaliação, creio eu. O que veio a ser chamado de "Os Anos Sessenta" (embora eles literalmente transbordassem para a década seguinte) foi um tempo de inocência considerável, quando tentávamos descobrir quem éramos – usando camisetas desbotadas, com estampas de estrelas, fedendo a patchuli – e não nos preocupando muito com o que os outros pensavam sobre como conduzíamos aquela busca. Infelizmente, mesmo antes dos anos de 1960 cronológicos terminarem, muito disso mudou, e digo sem medo que poucos de nós acreditem que tenha sido para melhor.

Baron e eu trabalhamos juntos em pelo menos uma dúzia de matérias de capa, e muitas das fotografias desta coleção ilustraram esses artigos e entrevistas. Também escrevemos juntos (Jim Marshall foi um terceiro parceiro) o livro chamado *Festival! The Book of American Music Celebrations*, e algumas daquelas imagens estão aqui, também. Talvez o mais importante tenham sido os retratos de Baron que acompanharam a "edição das groupies" (uma reportagem que ele sugerira para Jann), e sua cobertura de Woodstock, que ajudou a transformar esses dois fenômenos em fenômenos.

Baron viveu na Área da Baía; uma das primeiras oportunidades de ele voar para Los Angeles foi quando tirou fotos para minha entrevista com Frank Zappa. Outra vez foi para fotografar Tiny Tim, para meu perfil de capa de Mr. Khaury. Eu me lembro desses dois artistas juntos porque, de tantos modos, exceto o musical, eles foram duas ervilhas da mesma vagem mutante. Muitos (se não a maioria) daqueles que vieram a ser chamados de "hippies" e "freaks" tinham muito de sua aparência e estilo de vida – o guarda-roupa, os cabelos, as drogas e hábitos musicais. Esse é um grupo ao qual eu, humildemente, pertenci.

Posso ter deixado meus cabelos crescerem até os ombros, usado flores e colar de contas, além de me tornar devoto da maconha para toda a vida, mas dificilmente fui o primeiro da fila.

Frank e Tiny, por outro lado, viviam de acordo com seu próprio esquema. Eles eram diferentes de verdade, o tipo de "diferente" de nascença. A "representação" de Frank pode parecer, visualmente, uma paródia (ele estava disposto a fazer quase qualquer coisa para causar impacto), mas também foi um dos primeiros a destruir as barreiras entre rock, jazz e música clássica e, para surpresa de seus contemporâneos (muitos dos quais queriam tocar ou cantar com ele), ele era antidrogas, de modo inflexível. Herbert Kaury tornou-se famoso mundialmente por tocar uma guitarra havaiana e cantar "Tiptoe Through The Tulips" em falsete. Aparecendo e gravando com o nome de Tiny Tim, ele não só viveu em seu próprio mundo, como também teve seu próprio "tempo", e nem eram os anos de 1960, mas 30 ou 40 anos antes. Seu herói não era Elvis, era Gene Austin, um cantor dos anos de 1920.

Na época de nossa entrevista/foto, Frank estava vivendo até perto de mim, em Laurel Canyon, no rústico mas espaçoso chalé de madeira que já fora lar do astro de cinema caubói Tom Mix (diretamente do outro lado da rua das ruínas do castelo de Harry Houdini). Como mostram as imagens de Baron, havia algumas cavernas e equipamento pesado de terraplanagem em uma área de mato atrás da casa de Frank, lugar em que os retratos dele foram tirados. Baron considerou Tiny o exemplo definitivo do hippie, então lhe levou um buquê de flores com caules longos e, como resultado, nós quase perdemos a entrevista graças ao êxtase do sr. Tim. Algumas das fotos foram tiradas em um jardim perto do hotel Beverly Hills, outras no escritório do empresário dele, onde eu fiz minhas perguntas. Notei com alguma ironia que, atrás dele, no escritório, havia um aquário cheio de piranhas, aqueles peixes carnívoros da Amazônia.

Durante três anos, essa foi nossa vida: escrever o perfil de um Rick Nelson paternal, com seus filhos gêmeos Matthew e Gunnar, que mais tarde se tornaram astros também (gravando como The Nelson Brothers); ser bem recebidos no mundo das groupies; estar em turnê com os Rolling Stones no ano em que Tina Turner (que acabara de deixar Ike) e B. B. King abriam shows. Como já foi dito, era um trabalho sórdido, mas alguém tinha de fazê-lo.

Agora estamos no século XXI. A *Rolling Stone* tem mais de 40 anos (velha demais para confiarmos nela?) e Baron e eu somos velhos encarquilhados, desfrutando de nossas lembranças. Depois de deixar a *Rolling Stone*, nós dois fomos fazer outras coisas. Ele fotografou para a Liga Nacional de Futebol, fundou uma revista chamada *Rags* ("a *Rolling Stone* da moda") com uma pequena editora e até aprendeu a pilotar aeroplano, publicando livros de fotos aéreas. Eu escrevi um montão de livros, incluindo biografias de Elvis Presley, Jim Morrison, Jimi Hendrix, David Bowie, Yoko Ono e Don Ho.

Mesmo assim, somos lembrados por nosso trabalho na *Rolling Stone*, uma conexão que, nas palavras de Baron, "define minha reputação como fotógrafo". Passe por um Hard Rock Hotel em qualquer lugar da Terra, hoje em dia, e verá as grandes imagens de Jimi e Jim, Joni, Janis e Jerry (e esses são apenas os com J), e muitas mais, no lobby e nas paredes dos quartos: são dele. Ele também expõe suas fotos em galerias por todo o mundo com alguma regularidade, de San Diego a Berlim. E agora, é claro, tem este livro de retrospectiva. Baron diz que "trabalha com reciclagem". Eu digo que ele ainda vende sonhos.

Jerry Hopkins, Bangkok, Tailândia.

***Em 1967,
eu estava em São Francisco,
ganhando a vida como fotojornalista,
trabalhando para qualquer um
que me pagasse para tirar fotos
— revistas, jornais e agências de publicidade,
universidades, qualquer um...***

Jimi Hendrix, São Francisco, 1968.

Tom "Big Daddy" Donahue, São Francisco, 1967.

Estação de rádio KMPX, 1968.

...e então a Rolling Stone entrou na minha vida.

Em 1965, minha esposa Juliana, dançarina profissional de balé, e eu mudamos de Los Angeles para São Francisco. Ela queria dançar com o São Francisco Ballet e eu precisava sair de Los Angeles, onde a combinação de atmosfera ruim e dirigir sem parar estava me tornando cada vez mais curvado. Além do mais, eu tinha me apaixonado por São Francisco durante minha primeira visita em 1959 e estava pronto para voltar. Fixamos residência em Haight-Ashbury; em seguida, ela entrou para a companhia de balé e eu comecei a procurar trabalhos de fotojornalismo como autônomo.

Um de meus clientes regulares era o Mills College, em Oakland, Califórnia. Eu tirava fotos para seus catálogos e brochuras e, no processo, fiquei ligado à escola e suas atividades. Mills tinha um departamento de música avançado e respeitado que, em abril de 1967, organizou um seminário de fim de semana sobre a indústria da música pop. Os temas eram ligados ao surgimento da cena de shows de São Francisco e como e quando a música popular tinha se tornado tão importante na Área da Baía.

Mills convidou alguns dos maiores nomes da música da época: o promotor de shows Bill Graham e Tom "Big Daddy" Donahue, que era a força propulsora por trás da KMPX, uma das primeiras estações de rádio FM underground da América. Essas estações de rádio não tinham listas de execução; o DJ podia colocar no prato qualquer música que quisesse, por quanto tempo quisesse – se quisessem tocar por 20 minutos sem um anúncio, eles podiam tocar por 20 minutos sem um anúncio, algo inédito no rádio. O lendário Phil Spector – que já era escritor bastante aclamado, produtor, empresário e editor de músicas – tinha vindo de Los Angeles. Outros luminares da música local também estavam lá, incluindo a banda Jefferson Airplane, que tocou um set durante o qual os participantes foram submetidos a um show de luzes psicodélicas.

Ralph Gleason, imensamente respeitado redator de música do *San Francisco Chronicle*, estava no painel; se Ralph desse sua benção a você como músico, você fora ungido, tinha chegado lá. Também estava lá – a meu convite – o jovem jornalista Jann Wenner.

Jann e Ralph tinham vindo com a ideia de começar um jornal sobre música, não uma publicação de mercado como a *Billboard* ou *Cashbox*, mas outro tipo de periódico. Jann me explicara a ideia. O problema, como ele o via, era que a imprensa de música da época era muito focada apenas na indústria musical; os artigos eram sobre negócios, mais do que música ou os músicos. Tanto ele como Gleason viam a necessidade e a oportunidade de um periódico que refletisse o interesse maior e mais pessoal daqueles entre nós que ouvíamos música e para quem a música tinha se tornado parte tão importante da vida. Além disso, a publicação que eles vislumbravam seria profissional em todos os sentidos, desde a aparência à excelência editorial. Eles não queriam que a publicação nascente se assemelhasse com as bem-intencionadas mas normalmente ingênuas (em aparência e atmosfera) publicações "hippies", que tinham se tornado onipresentes por toda a área da baía de São Francisco durante meados e fins dos anos de 1960. Na Mills, Jan perguntou-me se eu gostaria de me juntar à equipe como seu fotógrafo e, em caso afirmativo, se eu tinha 10 mil dólares para investir.

Eu poderia dizer que Jann era um garoto esperto; quer dizer, na época ele tinha apenas 21 anos. Eu era o cara velho, com 30 anos. Eu não tinha o dinheiro, mas respondi que claro, estava interessado e concordei em me unir a ele, acrescentando que eu tiraria fotos de graça, pedindo apenas reembolso para o filme e revelação (digital era um conceito desconhecido na época) e ele me daria participação na empresa como pagamento pelo meu serviço. Sem entender sua importância decisiva, também especifiquei que eu seria dono de todas as fotografias que tirasse, embora a publicação, ainda sem nome, pudesse fazer uso ilimitado delas em capas, dentro das páginas editoriais, para propaganda, promoção, o que fosse. O trato me parecia uma troca justa na época, e era. E foi como a *Rolling Stone* nasceu...

A verdadeira faísca para a *Rolling Stone* começou bem antes de meu encontro com Jann; ele e Gleason já falavam a respeito há algum tempo. Mas

Ralph Gleason, Mills College, Califórnia, 1967.

Primeiro número da revista Rolling Stone, 9 de novembro de 1967.

foi na Mills, em abril de 1967, que ele introduziu a ideia para mim e articulou a necessidade de um fotógrafo na equipe. Aquele seminário em si havia sido pioneiro. Era inovador que uma universidade reconhecesse a importância do rock em um momento que o potencial econômico da indústria tinha apenas começado a se mostrar no radar corporativo.

O primeiro número foi impresso em outubro de 1967 e datou de 9 de novembro de 1967. Na primeira página havia uma foto em preto e branco de John Lennon no filme *Que delícia de guerra*.

Como meu primeiro trabalho para a revista novata, nela havia uma coletânea de minhas fotos do Grateful Dead, sendo que algumas delas tinham sido proibidas, por alegação de envolvimento com a "erva mortal", maconha. Como fotojornalista, que era como eu me considerava, fotografei a banda pagando fiança e depois posando nos degraus de sua casa na Rua Ashbury, 710, depois de uma memorável coletiva de imprensa em que os membros da banda explicaram seu posicionamento frente à prisão.

Durante meu período de serviço na revista, resisti a ter um espaço no escritório ou até a ir para lá todos os dias, pois trabalhava sozinho na época, e ainda faço assim – era como eu gostava de viver, uma das muitas razões para eu gostar de fotografia. Sempre preferi trabalhar individualmente. Assim que você introduz uma equipe de outras pessoas na experiência fotográfica, ela não é mais íntima, não é mais pessoal.

Então, em certo sentido, nunca me senti fazendo parte da *Rolling Stone*, embora eu me sentisse parte da *Rolling Stone*. Jann ficou um pouco espantado

Baron e Juliana, 1968.

Jann e Janie, 1968.

por eu escolher não ter uma sala no escritório, mas tudo de que eu precisava profissionalmente estava em casa. Meu quarto escuro estava em casa, minha prensa de montagem estava em casa, tudo: por que eu deveria ir todos os dias? Claro, eu iria com minhas fotos, não significava que iria entrar – era tipo: "Por que você precisa de mim o tempo todo? Você não está me pagando, eu tenho de ganhar a vida". Por isso, meu escritório era em casa. Eu tinha outros trabalhos para fazer, precisava pagar as contas. Talvez por essa razão eu nunca tenha me sentido parte da atmosfera interna da família *Rolling Stone*, embora todos devam ter se sentido de outro modo em relação a mim.

Juliana e eu éramos amigos de Jann e sua esposa Janie; nós saíamos bastante juntos e os dois tinham muito bom gosto. Isto é algo a se dizer sobre Jann – ele tinha uma grande percepção editorial, grande senso de design e bom gosto para decoração. O cara era o bom gosto em pessoa.

Quando a revista atingiu o sucesso, passou a empregar cada vez mais pessoas, e mudou-se para escritórios maiores. No início ela era

Eu trabalhava sozinho na época e ainda faço assim – era como eu gostava de viver, uma das razões para eu gostar de fotografia.

pequena e íntima, mas acabou crescendo e outras amizades se desenvolveram. Alguns da equipe começaram a tomar drogas com regularidade, então Jann e Janie começaram a sair com seus outros amigos. Pelo fato de Juliana e eu sermos certinhos (talvez certinhos demais, embora existam fotos dela "dando um tapa" na casa do Wenner), nenhum de nós se tornou grande usuário.

Linotipo

Tiny Tim, Los Angeles, 1968.

Quando eu saí e Annie (Leibovitz) se reuniu à equipe, o estilo de fotografia dela era parecido com o meu, e ela era fabulosa – foi uma grande fotojornalista e tinha um olho impressionante para o elemento humano. Se você olha as imagens dela do passado, verá que elas são brilhantes. Eu adorava aquelas fotos. Não a conheço bem o suficiente para saber por que mais tarde ela mudou seu estilo, talvez tenha sentido tédio. Ela começou a usar os músicos como elementos em sua própria fotografia em vez de tirar fotos deles; ela foi em direção a um terreno visual onde eles se tornaram peças em um tabuleiro montado por ela. Como fotógrafo, meu estilo permaneceu o mesmo. Permaneci com o velho estilo, meu estilo, com o qual eu me sentia confortável independentemente do assunto fotografado: música ao vivo, moda, retratos, reportagem.

Outra mensagem que tirei dos meus dias na *Rolling Stone*, e que carrego comigo até hoje, foi a alegria de ter uma ideia e transformá-la em realidade. Foi tão maravilhoso! Jann apresentara sua ideia em abril de 1967 e em menos de seis meses ela tinha se transformado em realidade, quando vimos nosso bebê saindo das prensas. Uma ideia, a ideia de Jann e Ralph, tinha se tornado realidade.

> **Tiny era inconstante, excêntrico, tão excêntrico quanto Zappa, mas de um jeito diferente.**

Foi isso; você não pode imaginar a sensação. Ano a ano explico para as pessoas que me tornei viciado em tinta de impressão – digo assim porque você pode vê-la, senti-la. É por isso que me sinto tão confortável publicando a revista de moda e livros; com cada um deles você teve uma ideia, então você formatou aquela ideia e trouxe à realidade. Existe algo nessa transformação

Tiny Tim, Los Angeles, 1968.

Frank Zappa, Laurel Canyon, Los Angeles, 1968.

de uma ideia, que está na mente, em algo que você pode pegar fisicamente, que foi muito prazeroso; você podia, literalmente, ver e pegar o resultado de seu esforço, o nascimento de seu sonho.

Eu tivera um treinamento formal em fotografia. Começou como um passatempo, e eu aprendi fazendo. Descobri o que funcionava tentando. Naquela época eu ia à loja de fotografia e dizia: "Estou com esse problema, alguém pode me dizer o que fazer?". Todos eram de grande auxílio; eles me ajudavam a encontrar uma solução.

Para mim, retrato tinha mais a ver com você deixar seu fotografado à vontade. Se conseguisse fazer isso, eles dariam algo mais íntimo a você, algo sobre eles mesmos. Eles relaxariam e não posariam, eles perderiam a ansiedade advinda de ser fotografado.

Para quase todos trabalhos que fiz para a *Rolling Stone*, nunca recebi um pedido específico, apenas retratar o fotografado. Eu fazia as melhores imagens que pudesse, revelava o filme, então levava as folhas de contato para o diretor de arte e os editores. Não me envolvia nas discussões sobre que fotos eu acreditava que eles deveriam usar, eu confiava nos caras. Dei tudo a eles, dei as folhas de contato – e algumas vezes eu marcava as que eu gostava, porém mais como uma sugestão. Algumas vezes eles usavam minhas escolhas, outras não, mas eles eram bons no que faziam e, em geral, eu tinha surpresas agradáveis com a seleção feita por eles.

Por exemplo, Jann me diria: "Jerry Hopkins vai fazer uma matéria sobre Zappa, vá com ele e tire um monte de fotos para acompanhar essa entrevista". Você nunca sabia o que iria acontecer, uma vez que estivesse com seu fotografado. Como quando fotografei Tiny Tim – eu estava preocupado sobre como essa sessão podia terminar. Tiny era um excêntrico inconstante, tão excêntrico quanto Zappa, mas de um jeito diferente, então tivemos de inventar um modo de deixá-lo à vontade; você não põe Tiny à vontade do mesmo modo que o faz com outra pessoa, certo? Então levamos um buquê de margaridas e eu disse: "Tiny, isto é para você". E ele ficou louco, abraçou-as e ficou sorrindo e agradecendo a nós, e esse pequeno gesto nos deu a possibilidade, em primeiro lugar, de entrevistá-lo e, em segundo, de que eu fizesse as fotos. Sempre explico que eu estava *fotografando* o músico, não o *ouvindo* de verdade. Existia toda uma técnica para fazer isso – uma vez que você não pode captar o som da própria música em uma foto, você tenta fotografar o processo do músico executando a música, tenta isolar o momento de auge da música sendo criado, tenta comunicar o êxtase de alguém tocando, cantando, atuando.

Por estar observando os músicos, perdi muito de sua música. Eu era fã de rock, mas não era grande fã de nenhum músico em especial. Gostava de Steve Miller – sua música era muito simples e acessível; como alguém poderia não ser um fã? Mas, quando a música e a letra ficaram mais complexas, perdi as sutilezas porque, como fotógrafo, estava *observando* a música, não *ouvindo*.

Mesmo para entender, de verdade, algumas das canções dos Beatles, eu tinha de baixar a câmera e pensar sobre o que eles estavam cantando. Eles eram mais jovens do que eu e, além disso, escreviam letras que obrigavam um cara velho como eu a prestar atenção e ponderar sobre suas mensagens. Aqui estava eu, ouvindo músicas feitas por garotos dez anos mais jovens que eu, trabalhando com uma equipe jovem cujo fundador era dez anos mais jovem que eu, mas, na verdade, nada disso representava um problema para mim (a não ser pela ordem para não confiar em ninguém com mais de 30 anos, algo de que eu tirava sarro). Sempre fui capaz de me relacionar com qualquer geração.

Houve uma época em que idade e geração eram um problema. Brad Wilk, o baterista do Audioslave, visitou a Andrew Smith Gallery em Santa Fé, viu minhas fotos em exposição e não hesitou em elogiar as fotos de músicos que eu tinha tirado. Ele até comprou uma folha de contato grande de Pete Townshend. Na ocasião, eu não sabia quem ele era. Simplesmente recebi um telefonema da galeria dizendo que alguém da banda Audioslave tinha adorado meu trabalho e queria se encontrar comigo. Nós nos encontramos na galeria; Brad foi muito gentil e me pediu para sair em turnê com a banda e tirar algumas fotos para eles. Eu havia parado de fotografar bandas havia muito tempo e não queria fazer isso de novo. "Não, não posso, obrigado pelo convite".

Tom Morello, Audioslave, 2003.

Brad Wilk, Audioslave, 2003.

Encurtando a história, convenceram-me a ir com eles. Em Phoenix, eu me perguntava: "Por que estou saindo em turnê com um bando de garotos de 20/30 anos?". Eu me vi sentado no saguão do hotel esperando para encontrar a banda; o empresário da turnê anda para a frente e para trás na minha frente, nem percebe que estou lá. "Oi, eu sou Baron. Estou aqui para tirar as fotos." "O quê?", eles disseram. "Nós procuramos você e tinha aquele velho sentado no sofá, nós não imaginávamos que poderia ser você." Tudo bem, a partir disso eu soube que iria ser uma viagem de horror, e foi. Embora eu tenha tirado algumas fotos decentes, a questão é que não foi nem confortável, nem divertido para mim. Eles estavam acostumados a ser dirigidos diante das câmeras. Eu nunca dissera a músicos o que fazer: sempre preferi captá-los como eles eram – sejam vocês mesmos e tirarei fotos ótimas. Mas, na época, todos esperavam que um fotógrafo fosse diretor – você sabe: "me arrume, engrandeça isso tudo, faça algo especial, traga suas luzes, traga seu estilista...". Era o que eles esperavam, mas eu nunca trabalhei assim. Então, essa foi a única vez em que me senti verdadeiramente desconfortável com uma banda. Eu tinha realmente gostado dos caras e de algumas das músicas; haviam lançado dois álbuns, eu acho, e então a banda desapareceu. Mas tudo isso foi 20-30 anos tarde demais para mim. Não acho que o problema fossem eles, mas nossas cabeças não estavam no mesmo lugar. Digo para você que foi um despertar difícil.

A partir daí eu soube que seria uma viagem de horror, e foi.

A maioria das bandas queria estar na *Rolling Stone*, e o que posso dizer é que elas confiavam em mim do mesmo jeito que também confiavam em Jim Marshall e no resto de nós que estávamos tirando fotos naqueles dias. Eles confiavam que seríamos honestos com eles e não faríamos com que parecessem tolos, e nenhum de nós fez isso. Mesmo aquelas duas fotos de Janis que Jim tirou, em que em um momento ela está devastada e no seguinte está feliz, ambas são rostos de Janis e ela entendeu aquilo e ficou bem com aquilo. Todos ficavam felizes com o modo como nós estávamos tirando fotos e então, de repente, já não estavam mais felizes com nosso estilo.

Creio que as coisas mudaram com o advento da MTV, quando os músicos começaram a se ver, e aos outros, em vídeos de música na TV. Eles pensaram: "Ah, precisamos ficar assim e precisamos ficar assado". A MTV mudou tudo. Os empresários também mudaram as coisas para nós, tanto quanto às bandas. Há um excesso de pessoas envolvidas, o que nos afasta mais daquela situação individual em que algo especial pode acontecer. Isso foi antes mesmo de os artistas serem idolatrados... agora existe pouquíssimo retrato honesto dos próprios músicos, tudo é estilizado.

Talvez fotografar para capas de gravações justifique o esforço de estilizar fotografias, porque se trata de vender o álbum, mas não era assim na *Rolling Stone*, quando eu fotografava para eles.

Nós fizemos uma matéria sobre a Steve Miller Band em 1967, assinando com a Capitol Records em troca de um adiantamento de 50 mil dólares, que era uma quantia enorme de dinheiro na época. Jann era amigo íntimo de Boz Scaggs e outros caras da banda; ele me mandou até a casa deles para tirar algumas fotos para a matéria.

Fiz uma série de fotos de Steve com a banda, e de Steve sozinho. Tinha uma pena em cima da mesa. Pensei que poderia ser uma boa deixa. "Segure a pena, Steve. Deixe-me tirar uma foto." Depois que as fotos saíram na *Rolling Stone,* recebi um telefonema da gravadora perguntando se eles poderiam usar algumas delas para publicidade da banda, e ofereceram-me um pagamento pelo uso. Eles queriam as fotos para um anúncio; eles queriam usar a foto da pena como capa para um álbum e para um outdoor. Aquele foi o momento em que fui apresentado ao trabalho interno da indústria de música, e foi então que tive o primeiro vislumbre do potencial financeiro de minhas fotos. Fiquei em

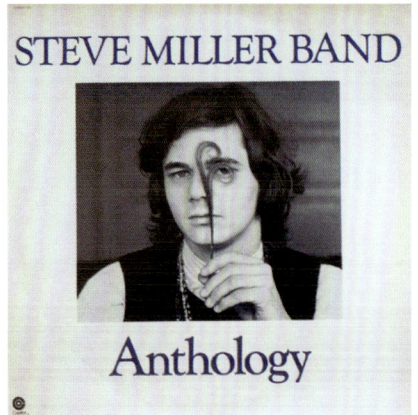

Steve Miller, São Francisco, 1967.   Steve Miller, álbum *Anthology*, 1972.   Steve Miller ao ar livre, Los Angeles, 1972.

choque... no melhor sentido da palavra. Era, antes de tudo, uma oportunidade de ganhar dinheiro com algo que eu adorava fazer – era a primeira vez que ganhava um dinheiro decente com o fotojornalismo em geral, tirando de lado a *Rolling Stone,* para a qual eu simplesmente fotografava de graça.

A *Capitol Records* colocou minha foto de Steve Miller na capa do álbum *Anthology*. Apenas uma imagem de um grupo de fotos que eu fizera para a *Rolling Stone,* e com meu estilo pessoal. Pouco depois, aconteceu de eu estar em Los Angeles e vi que eles haviam reproduzido em um *outdoor* a capa do álbum com minha foto de Steve com a pena – meu primeiro *outdoor!* Foi um belo cachê, várias centenas de dólares, o que era um grande salto a partir de nada. Foi demais!

Meu primeiro show ao vivo para a *Rolling Stone* foi fotografar o The Who no Cow Palace. Eu não tinha ideia de onde estava entrando. Nunca havia tirado fotos de música ao vivo antes; era virgem em shows. Todos tiravam fotos em clubes noturnos de Londres, por causa de tudo o que andava acontecendo por lá. Nosso clube mais conhecido era provavelmente o pequeno Matrix, mas acho que não tirei fotos lá. Talvez eu tenha ido lá uma vez, mas não tirei fotos. Estive no Trips Festival, mas também não tirei fotos lá. Então, fui mandado para fotografar o The Who e me sentia como se tivesse sido enviado para um campo de batalha – enviado para a linha de frente. Quando cheguei ao Cow Palace, nem sabia o que fazer, comecei a caminhar pelas coxias. Sei que tinha um passe de imprensa, porque podia ir aonde quisesse. Eu só não sabia *aonde* ir!

Pete Townshend,
São Francisco, 1967.

Pete Townshend,
São Francisco, 1967.

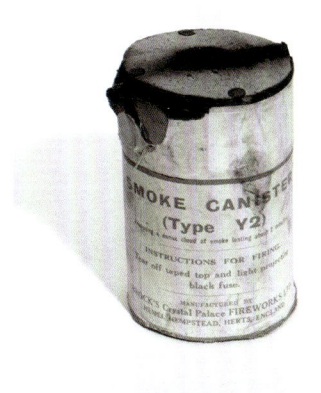

Bomba de fumaça, The Who,
São Francisco, 1967.

Não tirara nenhuma foto antes do show porque não sabia o que era coxia, o que significava, nem sabia que eu podia ir lá. Pensei: "tudo bem, esses caras vão fazer o show e vou fotografá-los no palco". A coxia era o lugar onde você esperava o show começar. Fui até a coxia: era um saguão imenso, se me lembro bem. "Onde eles estão? Onde está a banda?" Então, saí de lá e me vi diante do palco. The Who não tocou primeiro naquela noite, eles nem eram a banda principal. Eu não sabia o que esperar e, quando eles finalmente chegaram ao palco, tive uma grande surpresa.

Eu não sabia o que esperar e, quando eles chegaram ao palco, tive uma grande surpresa.

Infelizmente, eu não tinha ido a Monterey Pop. Se tivesse ido e visto The Who antes, então tudo teria ficado claro e eu saberia o que estava por vir, mas como não tinha ido, não sabia de nada, o que foi uma pena. Do modo como aconteceu, fiquei me perguntando: "O que esse cara, Townshend está fazendo? Ele está quebrando a merda da guitarra, por que ele está fazendo isso? Essa é uma guitarra cara". Eu não sabia que fazia parte do show.

Então, vi-o fazer o moinho de vento ou seja lá como ele chama isso: "Isso é legal". Tentei fotografar tudo o que estava acontecendo, mas tudo acontecia rápida e furiosamente. Na época eu não sabia quem era Keith Moon, ou teria tirado mais fotos dele; John Entwistle tinha aquele baixo legal, que pensei que daria boas fotos, e tirei muitas dele. Fui muito ingênuo; tudo o que estava fazendo era procurar uma grande foto. No fim da apresentação, o palco ficou coberto de fumaça e a banda foi embora. Então subi no palco e havia uma bomba de fumaça. "Ah, então foi isso que aconteceu". Peguei a bomba de fumaça, levei para casa e fiz um retrato dela no meu estúdio. Não imaginava que o aparato pudesse ter alguma importância, a não ser por: "Isso pode dar uma foto interessante". Quando Townshend destruiu sua guitarra, fiquei atônito, quase traumatizado. Aquilo era como se eu atirasse minhas Nikon e Leica no chão, ia totalmente contra minha natureza ou compreensão. Ele não quebrou apenas o cabo, destruiu completamente a coisa (pelo menos naquela noite). Isso me chocou a ponto de ficar com medo de que algo de ruim estivesse para acontecer.

Naquela época, não acho que existissem fotógrafos sérios cobrindo concertos; sim, havia pessoas com câmeras, mas não com "artilharia pesada", aquelas lentes longas e corpos caros que os fotógrafos profissionais usam. Não recordo se isso foi antes ou depois do show no Cow Palace em que Jann e eu fomos ao quarto de Townshend no hotel e eu o fotografei. A revista estava fazendo a primeira "entrevista da *Rolling Stone*", na qual Jann teve essa conversa bastante longa com um músico. Fui com ele e fotografei Townshend durante a primeira parte da entrevista. Pete estava deitado na cama e você pode ver o fundo de parede pintado do hotel – você sabe, se eles não colocam uma pintura na parede, eles pintam a parede. Minha foto icônica de Townshend foi uma foto tirada durante o mesmo show de 1967, mas não sei se a entrevista aconteceu antes ou depois dela. Se foi antes, Pete provavelmente teria me reconhecido e me dado aquela foto. Se foi depois, foi um acaso, uma feliz coincidência, quando Townshend, com aquele olhar de águia que é sua marca registrada, olhou direto para mim: "Aqui está, é para você, camarada". De um modo ou de outro, gosto de pensar que foi um presente de Pete para mim.

Quando eu estava na coxia, sempre sentia um estranhamento, porque não era um dos caras que estavam lá atrás se divertindo com uma groupie, não estava lá fumando baseado, não estava na banda. Eu era uma espécie de mosca na parede. Isso me lembra do que dissera meu amigo, o fotógrafo Michael Zagaris: "Não clico casamentos, clico luas de mel". E era assim que me sentia. Eu era um intruso olhando para algo íntimo do qual não participava, então sempre ficava ansioso para sair de lá e voltar novamente para o palco.

Pete Townshend, São Francisco, 1967.

Fotógrafo Jim Marshall, São Francisco, 1968.

Tendo dito isso, circulei um pouco pela coxia do meu próprio modo. Sempre existiam "atividades" intrigantes acontecendo e caras com "olhares distintos" para fotografar. No início, eu nem mesmo percebia que a coxia era um lugar tão desejado para se estar. E, embora nunca houvesse muito social individual acontecendo para mim, gostava de estar lá. Por outro lado, Jim (Marshall) e Zagaris eram dois fotógrafos – Jim mais que ninguém – que se sentiam confortáveis na coxia e gostavam de sair com os músicos, desenvolvendo amizades profundas. Jim sentava-se com eles a noite toda. Era quase como se fossem seus melhores amigos. Eu era um tanto distante – tinha toda uma outra vida, era casado, tinha Juliana, o mundo de balé dela, atividades e outras responsabilidades.

Jim já ganhava dinheiro com suas fotos de música porque tinha começado a fotografar nos anos de 1950. Quando eu comecei a fotografar música, ele já tinha feito retratos fantásticos dos velhos músicos de jazz e folk e suas fotos já haviam enfeitado incontáveis capas de álbuns. As gravadoras sabiam que ele tinha as fotos e costumavam colocá-las em seus grandes álbuns de vinil de 33 rpm. Para mim era diferente, eu estava ocupado fazendo qualquer coisa que pudesse para conseguir sobreviver.

Durante anos, essa foi minha maneira de trabalhar. Por estar no entorno dos músicos e ser fotógrafo da *Rolling Stone*, então era conhecido pela maioria deles; entretanto, não me divertia com eles. Isso nunca me ocorreu. Eu passava o tempo com outros fotógrafos, era assim que acontecia.

Eu não estava lá atrás fumando baseado, não estava na banda. Eu era como uma mosca na parede.

Janis Joplin, Marin County, Califórnia, 1967.

Steve Miller, coxia, Marin County, Califórnia, 1972.

Por não me sentir parte da família dos músicos, algumas vezes me perguntava o que estava fazendo na coxia. Eles me conheciam, eu sabia quem eles eram, mas *não era* parte da turma deles e, portanto, nunca me senti totalmente confortável sentado ali. Mesmo assim, gostava de estar lá atrás, porque todos estavam confraternizando – bebendo, fumando, contando histórias, divertindo-se. Era o que acontecia na coxia e sempre será assim. Mas você tem de se sentir bem-vindo. Não é que eu não me sentisse bem-vindo, só não me sentia totalmente à vontade. Não sei, talvez apenas me sentisse um pouco intimidado por não tocar um instrumento, tinha relutância em ficar alto ou sei lá o que acontecia. Ainda tento entender...

Uma das coisas que impediu minha aproximação dos músicos que fotografei foi não querer me impor a eles. Eu via o que acontecia ao seu redor – as pessoas sempre querendo algo deles – e esta é uma das razões de eu não ter conseguido acumular mais fotos: simplesmente não queria incomodá-los. Eu podia ver como eles reagiam aos que ficavam em volta: eram assediados a maior parte do tempo, por que eu iria querer fazer aquilo? Aquele era o lugar de trabalho deles. O resultado de minha relutância, obviamente, é que eu tenho menos fotos do que poderia ter. Mas pelo menos sempre consegui o que era necessário para um trabalho em pauta, essa é a verdade. Era meu trabalho, esse era meu show.

Olhando para trás, eu gostaria de ter tirado mais fotos, mas quem saberia o papel que elas teriam no futuro, como elas se tornariam desejadas? Mesmo os caras que tiraram toneladas de fotos desejariam ter tirado maior quantidade, tanto em preto e branco quanto coloridas.

B.B. King, São Francisco, 1967.

B.B. King e "Lucille", São Francisco, 1970.

 Ninguém sabia que valor essas fotos teriam duas, três ou quatro décadas mais tarde; nem que nós, fotógrafos, estávamos preservando momentos culturais e históricos importantes da época.

 Não sei com relação aos outros, mas para mim fotografia não era apenas uma paixão, era um trabalho. Sim, era algo que eu adorava fazer, mas continuava sendo trabalho e eu mantinha uma distância de meus fotografados. Nunca cheguei perto deles do jeito que alguns outros fotógrafos chegaram, nunca saí com eles depois dos shows. Eu ficava feliz de ir embora, primeiro porque tinha outras coisas a fazer e depois porque não tinha desenvolvido amizade com os músicos. O único com quem tive alguma proximidade foi Steve Miller que era bem-educado, gostava de fotografia, tinha uma grande coleção de câmeras, gostava de tirar fotos, compreendia e apreciava fotografias.

 B. B. King recebeu-me bem em seu círculo íntimo como poucos outros. Ele sempre foi muito hospitaleiro: "Deseja comer alguma coisa? Quer beber algo?". Estar na coxia com B.B. e seu séquito era como ser um convidado na casa dele. Levei B. B. King para fora, para o Palace of the Legion of Honor, em São Francisco, em cujo pátio havia uma cópia da famosa estátua de Rodin, *O Pensador*. B. B. King posou na frente dessa estátua, de forma que Lucille, sua guitarra vermelha, e os braços da escultura estão como que paralelos. É uma foto bonita, mas

> **Gostaria de ter tirado mais fotos, mas quem saberia que papel elas teriam no futuro, como elas se tornariam desejadas?**

a maioria das pessoas não compreende o que eu estava tentando fazer, o que eu queria dizer com essa justaposição levemente irônica.

As melhores fotos de música são as imagens em que os músicos são expressivos, onde eles estão fazendo algo fotogênico com o rosto ou os movimentos do corpo. B. B. King tinha essas expressões esquisitas – você não sabia se ele estava sentindo dor ou êxtase: seu rosto enrugava e ele olhava de forma oblíqua e sorria de lado quando estava tocando. Muito fotogênico.

Em 1970, tive de fotografar um show de Ano-Novo do James Brown, isto é, quando eu consegui passar as várias camadas de seguranças. Ele tinha mais seguranças do que eu já vira na vida; todos me revistaram. "O que você está fazendo aqui? James Brown está sabendo?" Caras negros e altos me fizeram perceber, nitidamente, que eu era uma cara pequeno e branco. Mas, uma vez que eles o aprovassem, uma vez que o levassem para dentro da "família", deixavam-no em paz, você podia fotografar o que quisesse e ficava muito bem.

Eu sabia pouco em relação à fama dos vários músicos que fotografei, então não me sentia intimidado. Não sabia muito sobre a carreira deles ou seu lugar na hierarquia musical, fato que provavelmente foi bom e ruim. Gostaria de ter tido mais conhecimento musical, mas se soubesse mais, eu poderia ter ficado intimidado; então, sendo um tonto, podia entrar na zona de perigo da intimidação sem nem saber que estava na zona de perigo. De qualquer modo, eu deveria ter tirado mais fotos – um tema recorrente quando olho em retrospecto para minha carreira como fotógrafo de música.

O Mills College era um de meus clientes. Eles me contaram que fariam uma conferência sobre rock 'n' roll no fim de semana. Provavelmente viam a reunião como algo mais do que um simples simpósio sobre música, porque convidaram com precisão as pessoas certas para conduzir uma discussão séria sobre a situação da música popular naquela época. A conferência na Mills não deu o pontapé inicial na ideia da *Rolling Stone*, mas é provável que tenha confirmado que a ideia era boa. De uma hora para outra, não eram apenas Jann e Ralph, mas uma universidade muito respeitada que também estava

Caras negros e altos me fizeram perceber, nitidamente, que eu era um cara pequeno e branco.

James Brown, São Francisco, 1970.

Mills College, Rock'n'Roll Conference, Oakland, CA, 1967.

levando a música pop a sério. Basicamente, Mills disse para o mundo: algo de significativo está acontecendo, vamos dar uma olhada nisso.

Mas Jann e Ralph já estavam adiantados nesse caminho: a conferência foi apenas a corroboração feliz de que estavam na trilha certa, uma oportunidade perfeita para dar o próximo passo, porque era apenas questão de tempo antes que outra pessoa captasse o tom do momento e começasse sua própria revista. Na época, existiam jornais hippies que cobriam o estilo de vida da contracultura, enquanto a *Crawdaddy* e a *Creem* se concentravam em música. A *Rolling Stone* não foi a primeira, mas algo na visão de Wenner e Gleason separou-os dos outros e levou-os ao sucesso.

Desde o primeiro dia, Wenner queria que a revista parecesse e fosse profissional; para ele não era uma diversão breve, era o início de um esforço de longa duração. Eu me lembro dele nos dizendo: "Isto é o que vamos fazer e vai funcionar e vai se espalhar pelo país". Ele era assim.

Por estarmos em São Francisco, era fácil conseguir distribuição na Califórnia; Jann também conseguiu, bem rápido, um acordo para distribuição em Nova York, já que simplesmente tínhamos de estar nas duas costas. No fim, conseguimos um distribuidor nacional de revistas que nos colocou em praticamente todo o país.

No início, a *Rolling Stone* só sobreviveu por causa dos anúncios de gravadoras. Nós fazíamos um contrato de publicidade e Jann negociava os pagamentos como adiantamento. As gravadoras compravam espaço em edições futuras; elas nos davam dinheiro adiantado, porque precisávamos do dinheiro para continuar e as gravadoras precisavam de nós pela mesma razão. A precariedade financeira durou um bom tempo. Eu estava no conselho de diretores, no início – Jann e eu – e pensava (erroneamente, como se provou mais tarde)

Jann Wenner, São Francisco, 1968.

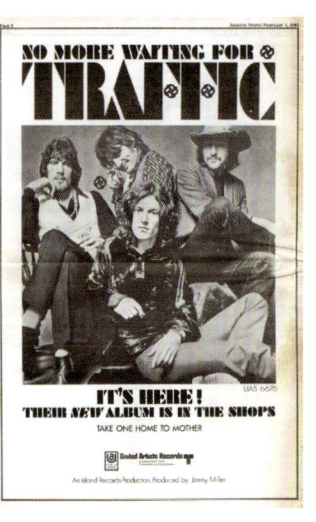

Anúncio de gravadora na *Rolling Stone*, 1969.

Mick Jagger no set de *Performance*, Londres, 1968.

que, sendo um pouco mais velho (e sábio), talvez pudesse trazer algum bom senso para o empreendimento. Mas não pude, ninguém pôde. Jann tomou sozinho todas as decisões; ele fez o que quis.

Pouco depois de começarmos a publicar, Jann viajou para Londres; nós tínhamos um cartão American Express e ele foi de primeira classe. Ele queria encontrar-se com Mick Jagger para ver se eles podiam começar uma edição inglesa da *Rolling Stone* juntos. Quando voltou e nós recebemos as cobranças, vimos que o cara tinha acabado com nosso dinheiro. Ele voltou todo vestido com roupas de bom gosto, da última moda, que comprara em Londres, acho que até se hospedara no Claridges. Ele gostava de ter boa aparência, isso é verdade, e sempre pensava grande. Passamos por vários momentos difíceis em que tivemos de implorar, pegar emprestado e roubar para conseguir mais investidores que comprassem ações na Straight Arrow Publishers (nome da corporação que era dona da *Rolling Stone*), simplesmente para termos dinheiro suficiente para o funcionamento diário da revista. Eu tinha mais contatos no mundo financeiro de São Francisco, então ajudava a arrumar dinheiro para mantê-la funcionando. Nessa época, a *Rolling Stone* estava começando a se tornar um trabalho em tempo integral para mim; ela tomava cada vez mais do meu tempo. Todo mês eu voava para Los Angeles e de volta, cruzando o país até Nova York; havia muito o que fotografar nas duas cidades.

Em Nova York, Jann e eu quase sempre ficávamos no elegante Stanhope Hotel, na Quinta Avenida, do lado oposto ao Metropolitan Museum of Art. Como eu disse, o homem tinha bom gosto.

O Stanhope Hotel, Nova York.

Matéria política na *Rolling Stone*, 1969.

Fotógrafo Jim Marshall, Oakland, 1970.

Eu não conseguia mais fotografar todas as imagens para todas as edições, então começamos a passar trabalho para outros fotógrafos e outros profissionais começaram a enviar fotos. Eu os apresentava ao diretor de arte e aos editores; toda publicação precisa de colaboradores autônomos. Jim Marshall tirou muitas fotos para a *Stone*, ele foi o avô da fotografia de música em São Francisco, ninguém tem dúvidas quanto a isso. Ele conhecia os músicos, a música era a "sacada" dele e eu o admirei muito por isso. O que nós – ele e eu – praticávamos era fotojornalismo, era um jornalismo honesto em forma de imagens. Como fotojornalistas, éramos capazes de produzir grandes imagens para ilustrar os artigos, porque nosso estilo de fotografar estava em sincronia com o mundo da música e também da publicação em si.

A *Rolling Stone* foi, e ainda é, uma publicação inteligente e bem-sucedida; ela é atraente e fácil de ler. Grande parte de seu sucesso deveu-se, e deve-se, à mistura singular entre instintos editoriais refinados e habilidade intuitiva que Jann mostrava ao

Passamos por vários momentos difíceis em que tivemos de implorar, pegar emprestado e roubar para conseguir mais investidores.

aplicar um modelo de negócios ao que é, em essência, um empreendimento artístico. Claro que existiram e existem outras revistas de música, mas foi a *Rolling Stone* que durou, assumiu a liderança entre os periódicos dos amantes da música e vem sendo publicada continuamente desde seu nascimento.

Eu também vi minha carreira de fotógrafo como uma combinação entre arte e negócios; minhas fotos eram uma expressão de minha alma, mas também eram uma mercadoria que me permitiu viver uma vida excitante e gratificante. Talvez essa tenha sido uma das razões por que Jann e eu nos comunicávamos com tanta facilidade, apesar da década de diferença em nossa idade.

Se você estudar a *Rolling Stone* em todos esses 40 anos desde que começou a ser publicada e ler seus artigos políticos sérios, terá um quadro bem preciso da vida nos Estados Unidos nessas quatro décadas. A música não era um subproduto ou algo de importância secundária; música era o produto, a razão de existência da *Rolling Stone*. Entretanto, a política sempre teve um papel editorial significativo. Eu me lembro de batalhas editoriais sobre essa mistura; um dos editores chegou a brigar com Jann por acreditar que a *Rolling Stone* deveria ser mais política. "É por isso que estamos aqui, somos políticos", bradava o editor. Jann disse: "Não, a música é a razão de estarmos aqui. Nós somos música, nossa essência é a música; a política é importante, mas em primeiro lugar, e antes de tudo, nossa essência é a música". Eu nunca esquecerei isso.

Sim, a *Rolling Stone* tinha tudo a ver com música, mas, no fim, nada estava fora dos limites se nos interessasse. Por exemplo, o pai de um amigo meu tinha inventado o jogo Roller Derby. Toda semana era filmado para a TV perto de minha casa em Haight, então eu comecei a frequentar a gravação. Os homens patinavam contra os homens e as mulheres contra as mulheres e eles se chocavam uns contra os outros para tentarem se derrubar e ultrapassar e marcar pontos. Quer dizer, eles realmente se jogavam uns contra os outros, como projéteis, em grande estilo.

A primeira coisa que percebi foi que eles tinham umas mulheres deslumbrantes patinando no Derby, também. Sempre me disseram que garotos não batem em garotas – mas essas mulheres estavam martelando umas contra as outras, batendo umas nas outras. Mencionei casualmente para Jann que o Roller Derby poderia dar

> **Nós somos música, temos tudo a ver com música; a política é importante, mas em primeiro lugar, e antes de tudo, temos tudo a ver com música.**

Timothy Leary, São Francisco, 1969.    Oakland Raiders, Denver, 1974.    Coquetel de frutas Dole, São Francisco, 1965.

uma matéria interessante; ele concordou, então fizemos uma matéria de destaque na *Rolling Stone*. Também lhe mostrei um poeta chamado Richard Brautigan. "Jann, ele está escrevendo uma poesia fantástica, um tipo de poeta hippie, de certo modo, mas, na verdade, não é hippie e tirei essas fotos fantásticas dele." No fim, Brautigan produzia um poema para cada número; durante um tempo se tornou o poeta laureado da *Rolling Stone*.

Em 1969, a revista tinha se tornado uma voz muito respeitada na comunidade jornalística. Naquele mesmo ano, Timothy Leary decidira que queria disputar o governo do estado da Califórnia. Tim nos visitou na redação para conseguir o aval de Jann e da *Rolling Stone* para sua candidatura. Nos Estados Unidos, se você tem o aval de um jornal, todos ouvem a respeito e isso, mais ou menos, confirma você como um candidato legítimo a líder. Mas, não, Jann não deu a Timothy Leary o aval que este procurava. Porém, em toda a história da *Rolling Stone* Jann deu apoio a vários candidatos presidenciais, colocava a foto do candidato na capa e explicava aos leitores por que acreditava que deveriam votar naquele candidato escolhido. Sempre apresentou seus argumentos de forma inteligente e racional. Isso afetava o eleitor individual? Quem sabe?

Nós fizemos matérias sobre milhares de outros temas que acreditávamos ter apelo para os leitores também interessados em música. Hunter S. Thompson fez um grande artigo sobre o Oakland Raiders e a National Football League. Na época, a NFL não tinha nada a ver com música, é claro, mas o futebol profissional é uma força tão poderosa nos Estados Unidos que a cobertura a respeito foi totalmente apropriada. Toda a coisa do *Medo e Delírio em Las Vegas* (o livro de Thompson que foi publicado inicialmente na *Rolling Stone*) mostrou-se mais política do que musical, o discurso extravagante e delirante daqueles malucos exagerava e refletia certa ética do momento.

Foi por meio da fotografia que aprendi sobre o mundo. Ficava interessado em um tema, movimento ou pessoa específica e, então, encontrava alguém para me dar a pauta de fotografar a matéria. Eu era fotojornalista. Cobria um tópico e aprendia a respeito, simultaneamente. O lado de estúdio de minha fotografia tinha seus próprios desafios técnicos, é claro, mas no estúdio você não está aprendendo sobre o mundo, você está apenas criando imagens estáticas memoráveis.

Meu primeiro trabalho para publicidade, quando eu estava em São Francisco – antes da *Rolling Stone* –, foi fotografar um coquetel de frutas! O diretor da conta explicou que eles queriam uma mulher mais velha segurando uma taça de coquetel de frutas individualmente perfeitas para a foto. Eles mandaram uma caixa delas em calda. Fui instruído a abrir todas as latas, colocar todas as frutas em uma tigela grande, pegar apenas os pedaços absolutamente perfeitos e colocá-los na taça de modelo. Era isso que eles queriam que eu fotografasse. Pensei: "é assim que vou passar minha vida como fotógrafo? Não". Fiz o trabalho, recebi por ele e foi aquilo, mas foi uma lição importante, um exemplo do que eu sabia que *não* queria fazer.

Eu tenho algumas fotos para a revista *Vogue*. Meus retratos eram bem conhecidos na época, e a *Vogue* chamou-me para fazer algumas fotos de Ryan O'Neal que, ao lado de Ali MacGraw, era um dos protagonistas no famoso filme *Love story – Uma história de amor*. A pessoa da *Vogue* que passara o trabalho ligou e disse: "Queremos que você tire uma foto de Ryan O'Neal, em Los Angeles, mas tem de fazer com que ele tire a camisa, porque esses editores gays com quem trabalho me disseram: 'Faça com que Baron tire uma foto do Ryan sem camisa'". Eu disse: "Ryan, precisamos de uma foto sua sem camisa". "Sem problema, Baron." E a camisa foi tirada. Então tirei essa foto fantástica dele sem camisa e o povo da *Vogue* retornou, "Tudo bem, gostamos das suas fotos, agora vá fotografar o Donovan. Nós vamos mandar as roupas para você". "Como assim, vocês vão me mandar as roupas?" Só então percebi que a *Vogue* não apenas fazia retratos dos artistas, mas apontava na página quem tinha criado e/ou manufaturado as

Ryan O'Neal, Los Angeles, 1971.

Donovan, Los Angeles, 1969.

roupas que os astros estavam usando e onde o leitor poderia comprar aquelas roupas. Naquele ponto, aquela marca editorial me era estranha.

Eu me senti fora de minha especialidade quando fotografei Donovan para a *Vogue*: foi um trabalho esquisito. Mandar roupas por mim, para Donovan usar nas fotos era totalmente antitético à minha abordagem da fotografia. Eu sabia que não seria capaz de fazer o que a *Vogue* pretendia, sabia que iria falhar. Donovan perguntou: "Ei, o que você tem, cara?". Em função das roupas, eu estava embaraçado e muito ansioso, antecipadamente, estava nervoso e isso ficou visível. Eu disse: "Eles querem que você use isso". Eles tinham mandado uma jaqueta de tweed, sapatos de couro e um tipo de camisa de estilista, roupas que Donovan nunca usou. Ele disse: "Baron, você deve estar louco". Respondi: "Sei, me sinto falhando com você e com a revista". E ele disse: "Não, não, não – vamos lá, só tire fotos do que estou usando, minhas roupas do dia a dia e vamos nos divertir".

Ele foi bastante gentil comigo, viu como eu estava exasperado e manteve-se bem tranquilo a respeito. A ironia é que ele se esforçou para me deixar à vontade, em geral era o contrário, eu me esforçando para deixar meus fotografados à vontade, porque eu queria que eles estivessem relaxados para conseguir as melhores fotos.

Eu tinha alguns métodos que, em geral, me ajudavam a conseguir que meus fotografados relaxassem. Um que aprendi em meus tempos de serviço no Intelligence Corps é que o tema favorito de quase todas as pessoas são elas mesmas. Assim, tudo o que você tem de fazer é perguntar a seu fotografado

John Fogerty, Oakland, Califórnia, 1969.

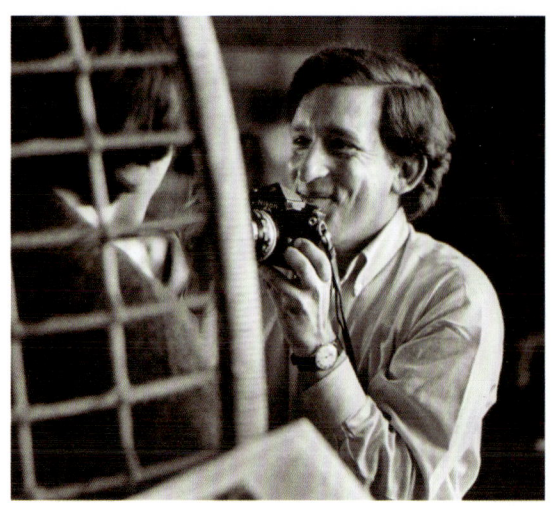

Baron Wolman fotografando Jann Wenner, São Francisco, 1968.

algumas questões pessoais, ficar seriamente interessado nas respostas e focar a conversa nele ou nela. Por eu não ter treinamento musical e não tocar um instrumento e, portanto, não poder falar sobre musicologia com os músicos, sempre me senti em grande desvantagem, mesmo quando eu tinha familiaridade com a música. Então era preciso levar nossa conversa para diferentes direções, em geral focando a vida de meus fotografados. Eles relaxavam e falávamos sobre milhões de outras coisas diferentes, sobre a vida e carreira deles. De vez em quando, enquanto conversávamos e eles se tornavam mais confortáveis comigo, eu olhava em volta no aposento, para ver onde estava a melhor luz e conseguir um bom lugar para colocá-los. No começo, dificilmente eu tirava fotos, porque no início de uma sessão meu único objetivo era esse: deixar meu fotografado à vontade e ver que tipo de luz natural estava disponível, para quando eu fosse tirar as fotos ter uma situação fotográfica ótima. A luz é o elemento chave para a fotografia em preto e branco, muito mais do que com cor – a luz e as sombras, os graus de cinza e preto. Eu sempre procurava por um lugar perfeito para eles sentarem; tudo bem, eu podia movimentá-los um pouco, mas se você movimenta muito as pessoas durante uma foto, você se arrisca a quebrar o encanto. Quer dizer, você pode fazer isso até certo ponto, mas de repente eles lembram que estão sendo fotografados e ficam tensos. Eu nunca quis que eles notassem minha câmera; eles sabiam que fotos estavam sendo tiradas deles, mas eu não queria que isso fosse objeto de sua atenção.

Eu sabia que não seria capaz de fazer o que a Vogue pretendia, sabia que iria falhar.

Angus Young, AC/DC, Oakland, 1978.

Jimi Hendrix,
São Francisco, 1968.

Jimi Hendrix,
São Francisco, 1968.

Logo depois de deixar a *Rolling Stone*, a Time-Life começou a revista *People*. Na época, eu era um fotógrafo bem conhecido e a *People* começou a me chamar regularmente para fotografar uma ou outra matéria. Lembro-me bem de um desses trabalhos. Fui a um julgamento em que o tema da matéria era uma ré, uma mulher hispânica, que tinha sido acusada injustamente, e mesmo assim foi julgada culpada. Depois desse veredicto, as pessoas deixaram o tribunal e se reuniram na sala de espera. Todos choravam, a família estava chorando, tudo era muito triste. Simplesmente não consegui tirar fotos de suas lágrimas, porque eu não queria que meu flash aumentasse seu desconforto, nem me intrometer no que era, claramente, um momento muito pessoal.

Liguei para a revista e disse aos editores que tinha conseguido algumas fotos boas, mas não da família chorando. Eles reclamaram que a foto das pessoas chorando era exatamente a que eles queriam. Respondi: "Não sou um carniceiro e não vou usar minha câmera para aumentar a miséria de alguém". O editor disse: "Tudo bem, mas você nunca mais trabalhará conosco!". Eu sabia o que minha consciência podia suportar e não queria trabalhar com um editor como aquele. Quando descobri que o que eles queriam de mim era, basicamente, desumano e insensível, sem compaixão, virei e fui para outro lado. Eu me senti bem dizendo ao editor que se fodesse. Algumas vezes, quando você delimita um território, sabe que fez a coisa certa.

As bandas que tinham um "componente de entretenimento" visível em sua performance, aquelas que se movimentavam e faziam algo além de ficar em pé diante do microfone, eram as mais fáceis de fotografar. AC/DC, por exemplo, com Angus rolando no tablado ou subindo em cima dos alto-falantes – essas eram fotos excitantes, porque visualmente você podia ver o cara virando um petardo. É só olhar para Hendrix. Jimi podia cruzar as mãos sobre o braço de sua guitarra, tocava com ela nas costas, colocava fogo nela, ficava de joelhos, ele simulava foder com a guitarra – você sempre tinha algo para fotografar. Não tinha necessariamente nada a ver com a qualidade da música, mas com a qualidade das fotos e a excitação do show. O Grateful Dead, por outro lado, ficava lá parado, chapados com a própria música e não se mexiam – eu não conseguia ficar lá parado por três horas, tirando a mesma foto várias vezes. Mas o AC/DC: simplesmente sensacional!

Depois da apreensão de drogas em 1967, o Grateful Dead tornou-se símbolo de São Francisco, os heróis locais. Claro, muitas bandas da vizinhança tinham ganhado notoriedade e atenção, mas para a maioria das pessoas em São Francisco, os Dead eram a sua banda. Por um longo período fomos incapazes de convencer Jann a fazer a matéria sobre eles; ele nunca explicou a razão, mas simplesmente não queria colocá-los na capa. Foi só em 1969, quase dois anos depois do nascimento da revista, que ele decidiu que era hora de a *Rolling Stone* fazer uma matéria principal sobre o Greateful Dead. Nós falamos a respeito em uma reunião de editorial e eles perguntaram como eu queria fotografá-los. Sabíamos que seria a matéria de capa, e me decidi por uma abordagem mais formal.

Aquela foi uma das poucas vezes na *Rolling Stone* em que decidi fotografar em meu estúdio, mais ou menos como meus heróis Avedon e Penn haviam feito, com seus retratos comoventes dos luminares do mundo. Instalei uma luz simples, permitindo que um pouco de iluminação caísse no fundo infinito. A ideia era fotografar cada um dos membros da banda individualmente, isolado, e dar a cada um deles importância igual, o mesmo espaço. Então eu os fiz virem até minha casa; não moravam muito longe, na verdade virando a esquina. Meu estúdio era em casa. Nós tínhamos uma casa de três quartos, eu havia tirado uma parede entre dois dos quartos de trás, juntando-os para fazer o estúdio. O quarto da frente era nosso quarto de casal. Infelizmente, Phil Lesh estava doente e não pôde vir, e não consegui completar a série em frente ao fundo infinito, o que foi uma pena, porque seria uma série fabulosa. Fotografei todos os outros, até alguns dos membros da trupe, que eram parte da banda na época, mas que não ficaram para sempre. Pigpen chegou todo armado. Eu não o conhecia bem e fiquei só um pouco preocupado por ele estar

Pigpen, The Greatful Dead, São Francisco, 1969.

Jerry Garcia, The Greatful Dead, São Francisco, 1969.

armado no meu quarto, no meu estúdio. Ele poderia ser perigoso. No fim das contas, é claro que não – ele era um cara doce e tímido, mas não o conhecia, não sabia o que esperar.

Jerry Garcia, por outro lado, foi tão expansivo quanto pôde, ele estava se divertindo. Você pode ver pelas fotos, que ele gostou da experiência. O que mais tarde se tornou o momento mais intrigante, entretanto, foi quando Jerry sorriu e levantou sua mão direita aberta e bati uma foto que hoje chamo de "Jerry acenando". Não pensei nada disso quando cliquei no botão, mas quando fiz a cópia da foto, fiquei tentando fazer com meu dedo o que ele, aparentemente, tinha feito; pensei que ele estivesse brincando, escondendo o dedo atrás ou à frente ou sei lá, mas não conseguia fazer aquilo com minha mão. Isso foi muito tempo antes de eu ficar sabendo que o irmão dele tinha na verdade decepado um pedaço de seu dedo, quando os dois eram bem jovens. Em geral, Jerry mantinha aquele dedo perdido fora da vista. A maioria das pessoas, mesmo seus fãs, não sabia a respeito e aqui estava ele, colocando-o à vista para o mundo ver e para eu fotografar.

> *O irmão dele tinha na verdade decepado um pedaço de seu dedo, quando os dois eram bem jovens...*

Lembro-me desse momento como outro presente fotográfico, dessa vez de Jerry Garcia para mim.

Imagino que essa sessão de fotos, em especial, tenha sido provavelmente um grande negócio para os Dead. Afinal, era uma capa para a *Rolling Stone*. Também era importante, porque ainda não existia outra publicação dando esse tipo de atenção às bandas. Então, sim, é provável que fosse significativo estar na capa da revista, embora ainda não tão notável como se tornou quando Dr. Hook, no fim, cantou a música de Shel Silverstein "The Cover of the *Rolling Stone*" [A capa da *Rolling Stone*]. Quando a canção foi lançada, todos reconheceram que estar em nossa capa era algo a que aspirar: se você esteve na capa da *Rolling Stone*, então você chegou lá.

As pessoas sempre vêm perguntar: "Posso falar com você em particular? Aposto que você tem grandes histórias sobre o que aconteceu naqueles tempos!". Eu digo: "Sim, tenho", e eles dizem: "Bem, o que aconteceu?", e respondo: "Como assim, o que aconteceu?". E eles respondem: "Sei, sei", e digo: "É". Quer dizer, o que vou contar para eles, que as pessoas fumavam maconha? Claro que elas fumavam maconha. Que elas transavam na coxia? Claro que transavam. Eu vi alguém destruir quartos de hotel? Não, e daí se eles destruíram, e daí se eu tivesse visto, o que existe para ver que eu poderia contar para eles que eles já não saibam? Uma questão que é continuamente repetida é: "Ei, posso falar em particular com você? Conta para mim – não vou passar adiante, é só para mim – você dormiu com a Janis Joplin, conta pra mim, você dormiu com ela?", e sempre respondo: "O que você acha?". Ou falo no tom "O que *você* pensa?"... ou "O que você *pensa*?". E eles dizem: "Ah, cara, obrigado, obrigado, fico grato por isso, significa muito para mim". Deixo-os usarem a imaginação, nunca digo nada mais, nunca vou além dessa reação! Nunca fui e nunca irei.

...conta para mim, você dormiu com a Janis Joplin? e eu sempre respondo: "Bem, o que você acha?".

Todos eles querem sujeira, mas o que representa a sujeira? Por alguma razão as pessoas parecem se importar com quem outras pessoas dormem. Grace Slick ficou muito irritada com Marty Balin porque, entre todos os membros do Jefferson Airplane, só ele não dormira com ela. Acredito que essa seja uma história interessante, mas até que ponto? Imagino que ela acrescente algum sabor. É interessante saber se eu dormi com as pessoas que fotografei? Talvez – é, aquele tal de Baron, ele foi lá, ele fotografou-as e trepou com elas. Creio que é isso que as pessoas querem saber, porque elas gostam de pensar que é o que acontece em nosso mundo.

Jerry Garcia, *Rolling Stone*, número 40, agosto, 1969.

Janis Joplin, São Francisco, 1967.

Até onde pude ver, no início, havia uma corrida por dinheiro. Todos estavam simplesmente fazendo música; os que faziam música se importavam com música, eles queriam tocar música, porque era o que amavam fazer. Creio que muitos ficaram surpresos com o próprio sucesso. Eles também pareciam surpresos com o preço do sucesso, porque assim que "o negócio da música ficou maior que a própria música" (frase que digo sempre), muitas coisas mudaram, e não só para nós fotógrafos. Nosso acesso mudou, mas me parecia que a abordagem dos músicos para tudo havia mudado, também. Os empresários estavam lá fora, lutando por contratos maiores, grandes fatias do bolo, e o dinheiro se tornou um grande componente da experiência musical. De repente, não se podia mais ignorar o dinheiro.

Claro, todos precisavam ganhar a vida, mas isso não era o principal, no início; quando eu tirava fotos deles, não tocavam pelo dinheiro. Porém, com a passagem do tempo, as bandas começaram a tocar pelo dinheiro, também. E por que não? Assim como eu fotografava por gostar e por prazer quando a *Rolling Stone* começou, quando nós pudemos, finalmente, pagar pelas fotos, não me pareceu errado aceitar dinheiro.

Bill Graham identificou rápido a popularidade da música e seu potencial de negócio. Sem dúvida, também havia outros promotores com a mesma intuição na época. Como recorda Pete Townshend, muito do que as bandas britânicas estavam tocando, então, era baseado em blues. O próprio Pete descobriu o blues por meio de um colega da faculdade, o fotógrafo americano Tom Wright. E Graham também percebeu isso, razão pela qual trouxe os músicos

Grace Slick, São Francisco, 1968.    Bill Graham, São Francisco, 1968.    Albert King, São Francisco, 1967.

negros para a Fillmore. Eles ficavam surpresos ao receber tanto dinheiro que Bill Graham lhes pagava nos shows da Fillmore, porque os ingressos para os shows dele sempre esgotavam e Bill sempre era generoso com os músicos. Com bastante frequência, os músicos de blues tinham visto suas músicas e seu dinheiro serem roubados; com Graham, no entanto, o cachê deles era pago.

Antes de Graham, grande parte do dinheiro ia para o empresário ou a casa de shows ou a gravadora; o artista ficava feliz em pegar um pouco da sobra. Muito injusto. Esse até foi um ensinamento que Bill Graham me deu, e digo "até" porque fui uma das pessoas a quem ele apresentou esses músicos de blues e que ajudou a compreender a ligação entre eles e o rock 'n' roll contemporâneo.

Todos sempre dizem: "Ah, você é um grande fotógrafo!". Mas não vejo assim. Sim, sou bom, um fotógrafo competente, mas estou apenas tirando fotos de pessoas com um talento extraordinário, que tocam música e a quem os fãs adoram. Ninguém iria se importar muito com essas fotos se não fosse pelos músicos que fotografei: é a eles que devo grande parcela do meu sucesso. Poderia tirar os mesmos bons retratos de outras pessoas anônimas, você os compararia e diria: "É uma foto bacana, sim, é uma foto legal, mas aquela foto do Jimi Hendrix, uau!". Tudo bem, vou aceitar o crédito por fazer boas fotos, mas tenho de dizer que foram os fotografados que contribuíram para meu sucesso e reputação. Creio que muitos fotógrafos esquecem disso, eles começam a pensar que são tão importantes quanto as pessoas que fotografam. Não mesmo!

Jimi Hendrix, New York, 1970.

Eric Clapton, New York, 1970.

Hendrix era um cara gentil, muito tranquilo... Também era muito difícil tirar uma foto ruim dele. Foi o músico mais fotogênico que encontrei, seja em movimento no palco ou descansando com os amigos.

Uma vez, fui ao Fillmore East para fotografar um show, creio que Eric Clapton estava tocando com Delaney & Bonnie. Fui para o acesso do palco onde meu nome deveria estar na lista. "Qual é o seu nome?" "Baron Wolman." "Ah, você já está aqui." Alguém tinha assumido minha identidade e entrado antes! Eu fiquei todo envaidecido; na época, meu nome tinha alguma influência.

Nos anos de 1960, eu tinha consciência de estar participando de algo novo, destinado ao sucesso. Todos os que estavam na *Rolling Stone* reconheciam que aquele era um desafio bacana.

Tínhamos uma liberdade que, naquela época, os jornalistas desconheciam – fossem eles escritores ou fotógrafos –, uma liberdade para escrever e fotografar como quiséssemos, de sermos excêntricos, irônicos e irreverentes. É só ver o anúncio que publicamos para conseguir assinantes – lá longe, em 1968, nós oferecíamos um grampo de prender bagana para qualquer um que comprasse uma assinatura da *Rolling Stone*. Pense a respeito – isso era fantástico. Aqueles foram dias memoráveis!

> **Alguém tinha assumido minha identidade e chegado antes! Eu fiquei todo envaidecido; na época, meu nome tinha alguma influência.**

Nós não tínhamos uma política estrita que nos limitasse ao

Anúncio de assinaturas da *Rolling Stone*, 1968.

Nudie Cohn, North Hollywood, Califórnia, 1969.

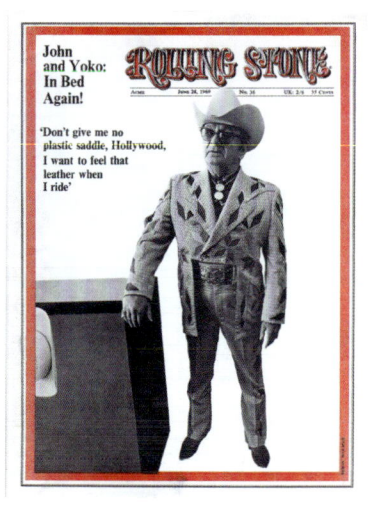

Nudie Cohn, *Rolling Stone*, número 36, junho 1969.

rock; tentávamos cobrir todo tipo de música, qualquer uma que acreditássemos ser significativa. Havia muita música boa surgindo em Bakersfield, Califórnia, então fizemos uma grande matéria sobre música country e western lá. Muitos daqueles músicos contribuíram para a cena country e western de Los Angeles da qual Gram Parson, no fim, tornou-se parte, porque Gram sentiu que o country e o western eram formas de arte subestimadas.

Eu adorava Nudie Cohn, o alfaiate das celebridades. Eu deveria ter comprado um "Terno Nudie" quando o fotografei. Na época, provavelmente senti que os paletós dele eram um pouco caros, mas se eu soubesse! Os retratos de Nudie foram tirados em sua loja em North Hollywood e apareceram na capa do número 36. Seus ternos exclusivos eram cobertos com imitações de diamantes e apliques, em geral com temas específicos, apropriados para quem estivesse usando um. O terno que ele fizera para Gram Parsons tinha folhas de maconha, vidros de pílulas e mulheres nuas. O mais famoso, suponho, foi o terno de lamê dourado de 10 mil dólares que ele criou e produziu para Elvis. Também fazia cadilacs conversíveis customizados, que brincavam com armas e chifres de touro, alguns dos quais estão no Country Music Hall of Fame em Nashville. Os ternos são artigos de colecionador, hoje em dia. O próprio Nudie tocava bem o bandolim e até lançou um álbum de clássicos country.

O terno que ele fizera para Gram Parsons tinha folhas de maconha, vidros de pílulas e mulheres nuas.

The Walden Brothers, Macon, Geórgia, 1969.

Duane Allman, Macon, Geórgia, 1969.

Otis Redding III, Dexter Redding, Geórgia, 1969.

Do outro lado do país, fizemos uma matéria sobre a música que vinha sendo feita e gravada no Fame Studios de Rick Hall, em Muscle Shoals, Alabama, e na Capricorn Records, em Macon, na Geórgia. Creio que o lugar na Geórgia chamava-se Redwal Studios ou Redwal Music, porque Alan Walden, que começara a Capricorn com seu irmão Phil, era empresário de Otis Redding – "Red" por Redding e "Wal" por Walden. Phil contratara uma banda de rock da Flórida, chamada The Hour Glass, da qual ficou sendo empresário e que rebatizou The Allman Brothers Band, porque a banda incluía Duane e Gregg Allman. Minhas fotos dos Allman para a Capricorn foram supostamente tiradas na primeira vez que a banda entrou nos estúdios de gravação como The Allman Brothers. Quando eu estava em Macon, os Walden levaram-me à casa de Otis Redding. Primeiro visitamos o túmulo de Otis, então fomos para a casa dele e encontramos sua viúva e os três filhos. Depois de um tempo, o filho mais novo dele colocou música e começou a dançar como o pai, Otis Redding.

Nem sempre participava das reuniões de editorial. Se eu tivesse uma ideia os editores normalmente aceitavam, mas o mais comum era me darem uma pauta depois de decidirem que matérias queriam fazer: "Certo, nós vamos fazer uma matéria sobre Muscle Shoals, você precisa ir até lá com o escritor e tirar algumas fotos". Os editores estavam sempre informados quanto às novas correntes musicais logo que surgiam, e também iam em busca das origens para apresentar uma matéria que explicasse as raízes de algum tipo de música que tivesse se popularizado. Os redatores eram todos muito inteligentes e totalmente versados em história da música. Muitos eram graduados em escolas de jornalismo, e mesmo os que não tinham essa formação eram redatores de grande competência, profundamente interessados no tema. Eu era o amador entre eles; gostava de música, mas nem chegava perto do conhecimento amplo que tinham sobre música e também não conhecia os músicos. Os redatores tinham familiaridade com os músicos e, muitas vezes, relações pessoais com eles. Então, sempre me senti em clara desvantagem. Não fotografo fotógrafos, ou eu poderia conversar com eles sobre fotografia; eu fotografava músicos que, em essência, falavam uma língua estrangeira.

A única vez em que fotografei Dylan foi no início da turnê *Slow Train Coming*, quando ele abandonou o Judaísmo e tornou-se um cristão renascido. A música e o álbum foram completamente menosprezados, mas fiquei comovido, porque podia ouvi-lo lutando com sua fé e lutando com questões importantes relativas ao significado de estar vivo, questões sobre as quais as pessoas nem pensam a respeito. Muitas das canções de *Slow Train* são muito boas, como "You Gotta Serve Somebody" – não importa quem você seja, não importa sua posição social, você ainda tem de ter algum tipo de fé. Em algumas das fotos de Dylan, você vê que ele está usando uma cruz, algo um tanto estranho para um garoto judeu do norte do Minnesota. Gostaria de ter feito mais fotos de Bob Dylan, mas o que se pode fazer? Nós apenas atravessamos a vida. Eu me sentia passando e clicando o que pudesse ao longo do caminho.

Estava em Nova York quando Mick Jagger anunciou, em uma conferência de imprensa na Radio City Music Hall, que os Stones iriam fazer um show de graça quando chegassem à Califórnia, durante sua turnê de 1969. Uma das fotos que tirei de Mick, naquele dia, foi usada na capa do número seguinte. Esperávamos ansiosos pelo evento, mas sabíamos que ele não ia acabar bem. Todo mundo coloca a culpa do desastre de Altamont nos Hells Angels, mas isso é, de certo modo, injusto. Os Stones haviam se comprometido a tocar de graça na Área da Baía, originalmente no Golden Gate Park, local perfeito; na última hora, entretanto, a prefeitura recusou a permissão. Então, eles começaram a procurar outro local e encontraram um ideal no município de Sonoma, o Sears Point Raceway, que tinha bastante espaço e era ao ar livre, perfeito. Já tinham tudo preparado para o Sears Point, mas os donos do lugar, uma grande corporação do sul da Califórnia, deram para trás, supostamente por questões financeiras. Não se pode culpar os Stones pelo desastre; não havia nada que pudesse ter sido feito. Foi tudo errado, mal planejado e, se a culpa foi de

Bob Dylan, São Francisco, 1979.

Coletiva de imprensa *Rolling Stones*, Nova York, 1969.

alguém, foi da prefeitura de São Francisco que disse o primeiro não, e das corporações de Los Angeles, que disseram o segundo não. Se a municipalidade tivesse dito sim, ele teria acontecido, como qualquer outro show pacífico, no Golden Gate Park. Na época, fiquei me perguntando por quê eles estavam fazendo isso. A banda ficou indo de um lugar para outro. Não tinha como dar certo.

Nesse ponto, os Stones estavam às portas do show, estavam vindo para a cidade para se apresentar, mas não tinham onde tocar. Então, esse cara que dirigia a pista de corridas de Altamont se adiantou. "Venham para Altamont; vocês podem fazer seu show aqui." Eles tiveram poucas horas para armar o palco, colocar as luzes, montar o sistema de som, tiveram poucas

Todos culpam os Hells Angels pelo desastre em Altamont, mas isso é um tanto injusto.

horas para fazer algo que em geral leva semanas, ou pelo menos dias; tiveram de fazer da noite para o dia. A equipe se esforçou a noite inteira para preparar o lugar para o concerto grátis. No fim, eles construíram um palco que ficava, provavelmente, a no máximo 1, 20 metro do chão. Não é muito alto, eles não tinham perímetro para manter a multidão afastada, então os fãs podiam empurrar até o palco e se dependurar, ou até subir no palco. Ou alguém não planejou bem ou simplesmente não haviam tido tempo de fazer um cercado para manter as pessoas um pouco mais atrás.

Hells Angels a caminho de Altamont Speedway, Livermore, Califórnia, 1969.

Michael Lang e Sam Cutler, Altamont Free Concert, Livermore, Califórnia, 1969.

Os Hells Angels tinham sido contratados para fazer a segurança. Os promotores acreditavam que os Angels manteriam as pessoas afastadas, simplesmente por sua presença. Então, eles foram colocados no palco para manter as pessoas fora e longe do palco, mas a multidão não deu a mínima para eles – não tinha como – e empurrou. Existia animosidade entre a multidão e os Hells Angels; foi como cutucar um leão que estava lá, ocupado com seus negócios, e foi assim que tudo se tornou um desastre. Todos olham para o cara que foi morto e culpam os Hells Angels mas, na verdade de quem foi a culpa? Foi um perfeito tumulto que acabou mal, simplesmente.

Foi um dia horrível, o tempo estava frio e úmido e todo mundo estava muito desconfortável. Eu tinha viajado de trailer na noite anterior, com os repórteres da *Rolling Stone* para cobrir o show, mas, assim que abri a porta do trailer de manhã, soube que não seria um bom dia. Olhei para fora e vi um dobermann perseguir um coelho e matá-lo e pensei: "o dia já começou assim". No meio da tarde percebi que iria piorar, não queria ficar mais tempo e procurei um lugar seguro. Olhando em retrospecto, lembro-me de não existirem instalações sanitárias, tudo era muito precário. De todos os shows em que eu já fora, nada tinha sido como aquilo. Os Stones haviam virado reféns, eles não podiam cancelar e não podiam *não* fazer o show; mas bastava olhar para o tempo, ver como todos estavam encapotados; era deprimente.

> **Existia animosidade entre a multidão e os Hells Angels; foi como cutucar um leão que estava lá.**

Rolling Stone, número 50, janeiro de 1970.

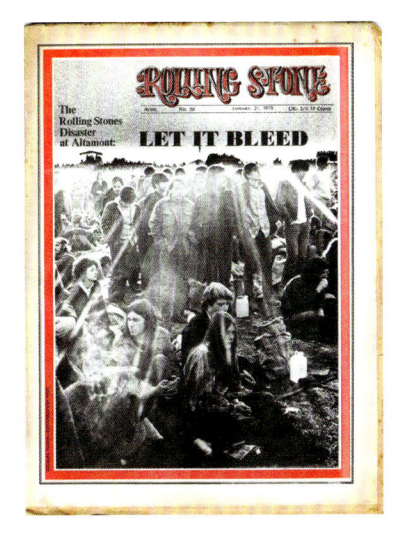

Altamont Free Concert, Livermore, Califórnia, 1969.

Jann ficou muito puto. Ele ligou de sua casa: "Você foi embora, seu merda. Como você pôde ir embora? Você é um fotojornalista, supostamente você tinha de estar cobrindo essa coisa!". Eu disse a Jann: "E onde está você, Jann?". Jim (Marshall) ficou até o fim, mas a maior parte do filme dele tinha sido arruinada no laboratório de revelação; vibrações negativas por todos os lados (só lamento não ter ficado porque perdi a oportunidade de tirar fotos de Gram Parsons, que tocou naquele dia.)

Os anos de 1960 trouxeram uma mudança social dramática à América. A natureza dos relacionamentos, dos gêneros, da alimentação, das drogas, da segregação, foi radicalmente alterada, e as bandas e suas músicas refletiram essas mudanças. Eu estava lá, com minhas câmeras, fotografando esses períodos importantes e estimulantes.

Estava preocupado quando fui fotografar Frank Zappa. Conhecia sua reputação de excêntrico criativo e pensava: "Ah, merda, como vou lidar com isso?", porque eu nem conhecia a música dele; quer dizer, claro que tinha familiaridade com a música dele, ele era brilhante. Mas só se você conhecesse música de verdade é que poderia entender aquele brilhantismo; para a maior parte das pessoas, aquilo era inaudível, pelo menos para meus ouvidos. Além disso, nada que eu dissesse a Frank Zappa iria me tornar, em qualquer sentido, seu par intelectual. Eu sabia ser capaz de tirar grandes fotos, mas sabia que não iria lidar bem com a mente dele (esse era meu maior defeito – minha inabilidade de lidar com qualquer músico, quando o assunto era música).

Fomos para lá e disse ao repórter Hopkins: "Primeiro você faz a entrevista e depois tiro as fotos", mas Zappa quis fazer as fotos primeiro. Saímos para os fundos da casa dele e encontramos todas essas situações fotográficas bizarras que eram ao mesmo tempo malucas e fantásticas. Eu não tive de dizer ou dirigir nada; ele simplesmente começou a explorar o lugar, porque estava se divertindo muito. Frank sendo Frank – atuando para mim e minha câmera, sem direção. Tenho uma série em que ele entra em uma caverna e sai de lá e entra de novo. Um verdadeiro jogo de esconde-esconde.

Começou a subir sobre o equipamento de construção na colina atrás de sua casa. Perto da casa havia uma árvore enorme; as crianças tinham amarrado uma corda em um dos galhos, ele começou a balançar na corda, como as crianças. Não tive de fazer nada. Quase não falei com ele.

Frank Zappa, Laurel Canyon, Los Angeles, 1968.

Kingston Trio, Los Angeles, 1963.

A primeira sessão de fotos de música pela qual fui pago foi com o Kingston Trio, meus ídolos da época da faculdade. Aqueles caras eram bons, eu adorava a música deles; em Northwestern, tinha cantado ouvindo seus discos. O interessante é que não fiquei fascinado por eles serem astros, nem me deu aquele "nervoso de celebridade" quando bati essas fotos, foi simplesmente uma tarde divertida. E também não percebi que, com o Kingston Trio, tinha dado o primeiro passo para minha nova profissão, para o fascinante mundo da fotografia de música. Um dos sucessos do trio chamava-se "Scotch and Soda". Para estudantes universitários no fim dos anos de 1950, início dos anos de 1960, era um dos hinos. "Uísque e refrigerante, um brinde. Garota, eu estou alto..." Uma noite, estava me sentindo tão bem que decidi ir para a Rua Rush em Chicago, onde estavam os clubes, eu queria ouvir música. A banda estava tocando "Scotch and Soda", pedi um, eu queria ficar de

Kingston Trio, Los Angeles, 1963.

pileque. E quer saber? Não aguentei beber aquela coisa.

O gosto era horrível, amargo, não era como eu imaginei quando ouvi a música. Indigesto. Alguém gostava daquela coisa? Refrigerante já é ruim demais, enquanto um bom uísque, um grande uísque é memorável. Mas naquele bar o uísque não era bom, e, misturado com refrigerante, tinha gosto de remédio.

Eric Burdon em casa, Los Angeles,

Harry Nilsson, Los Angeles, 1970.

Smokey Robinson, Bimbo's 365 Club, São Francisco, 1968.

Fui a um clube em São Francisco chamado Bimbo's 365, um clube superpopular onde Smokey Robinson estava se apresentando. Pensei: "Bimbo? Essa não é a palavra para 'vagabunda'?". Que nome estranho para um clube, e como era inapropriado que alguém famoso como Smokey tocasse ali. No fim, o nome era o apelido do italiano que fora o primeiro dono do lugar. O clube apresentava de tudo, de bailarinos a *big bands*, de comediantes stand-up a estrelas como Robinson. Ele protegia seu penteado com um lenço quando o fotografei no camarim, antes de entrar no palco, e fez com que vibrássemos quando cantou sua canção do Grammy Hall of Fame "The Tracks of My Tears". A *Rolling Stone* dá o 50º lugar para "Tracks" entre as 500 maiores músicas de todos os tempos.

Smokey Robinson, na coxia do Bimbo's 365 Club, São Francisco, 1968.

Bill Graham e Dolly Parton, Oakland Coliseum, Califórnia, 197

No aniversário de Bill Graham, Dolly Parton presenteou-o com um bolo. Ele era todo sorrisos, ela segurou o bolo na frente dele e... o bolo para o rosto de Bill, com glacê e tudo! Relembrando os concertos do Day On the Green (DOG), uma série de shows apresentados por Graham no Oakland Coliseum, ainda me repreendo por não ter tirado vantagem da grande oportunidade que me fora dada. Olho para a lista de músicos que não fotografei, de concertos DOG em que não fui, embora pudesse – tudo o que eu tinha de fazer era dar um telefonema para o escritório de Graham para

Dolly Parton, Day On The Green, Oakland Coliseum, Califórnia, 1978.

conseguir uma credencial e a viagem de Mill Valley para Oakland. Eu olho para aquela lista e até hoje me arrependo da minha preguiça.

George Harrison, escritórios da Apple Corps, Londres, 1968.

O repórter e eu estávamos sentados na área de recepção dos escritórios dos Beatles na Apple Corps em Saville Roads, Londres, esperando para entrevistar e fotografar George Harrison. Ele apareceu alguns minutos antes da entrevista, jogou-se no sofá e começou a ler uma cópia do livro de Bob Dylan *Don't Look Back*. Eu queria tirar algumas fotos de George, mas não sabia como começar. Sim, estava um tanto intimidado com ele; afinal, ele era um Beatle. Eu estava em conflito: será que poderia perguntar a ele se podia tirar algumas fotos, pedia a ele para posar? Ou simplesmente deixaria que ele fosse ele mesmo, enquanto eu clicava alguns fotogramas de modo furtivo? Eu não queria me insinuar para cima dele. No fim, só tirei algumas fotos, enquanto ele estava lendo seu livro do Dylan e esperando para a entrevista começar. Embora goste desta foto, em retrospecto, gostaria de tê-lo enfrentado um pouco e dito: "Ei, George, você poderia olhar para cá um segundo?", ou algo assim. Mas ele não se dispôs; ele sabia que eu estava tirando fotos e continuou a ler; não houve colaboração. Todos nós entramos para a entrevista, ele sabia quem eu era, nós fomos apresentados, mas não tirei vantagem da situação como deveria, como tiraria normalmente. Ah, as oportunidades perdidas...

Escultura da Maçã de Yoko Ono, escritórios da Apple Corps, Londres, 1968.

Antes de George chegar, passei um tempo perambulando pelo prédio da Apple. Os Beatles não estavam lá há muito tempo, alguns meses, acho, e estavam em processo de arrumar o lugar. Ainda não havia muita mobília de escritório, mas tinha um monte de *coisas* por todo lado. No canto de uma sala, contra uma parede, havia fotos e ilustrações de maçãs, bem como o que mais tarde descobri ser uma peça de arte de Yoko Ono que também mostrava uma maçã, é claro.

Peter Asher nos escritórios da Apple Corps, Londres, 1968.

Operários estavam montando o que parecia ser um estúdio de gravação de algum tipo, no porão. James Taylor era o mais novo na cena da Apple Corps. George o contratara para o selo, ou estava tentando contratar, e ali estava a guitarra dele, no chão no escritório de Peter Asher, o responsável por artistas e repertório da Apple. Asher era o irmão mais velho de Jane Asher, namorada de Paul McCartney; ele acabou se tornando o empresário de Taylor e, no decorrer dos anos, produziu muitas de suas gravações. O prédio da Saville Row tinha "legal" escrito em todo ele. Até o telhado era lendário, foi onde os Beatles tocaram pela última vez juntos, um lugar totalmente histórico!

The Who com Kit Lambert gravando *Tommy*, IBC Studios, Londres, 1968.

Nessa mesma viagem a Londres, eu estava agendado para fotografar o The Who; a banda estava no famoso IBC Studio gravando o que logo se tornaria seu álbum *Tommy*. Até aquela época eu havia visitado poucos estúdios de gravação, e claro que nunca estivera em um ao mesmo tempo em que uma banda tão famosa gravava suas faixas. Eu me lembro dos estúdios como lugares tensos, com músicos, engenheiros e produtores sempre em concentração profunda, mas todos pareciam estar se divertindo muito naquele dia. Embora os membros da banda estivessem "trabalhando", fiquei espantado com suas roupas. Keith Moon usava uma calça preta, jaqueta preta, colete preto, uma camisa com babados e o que parecia ser um lenço de seda. John Entwistle usava um terno de inspiração eduardiana, e Roger Daltry estava vestido com uma camisa que parecia de camurça, com um tipo de lenço de pescoço. Townshend estava malvestido, com uma camiseta, calças cáqui e botas para o deserto; achei que ele provavelmente ganhara aquelas roupas...

Mick Jagger e Anita Pallenberg no set de *Performance*, Londres, 1968.

Juliana estava comigo na viagem a Londres em 1968. Depois que o The Who acabou o trabalho no estúdio, Pete convidou-nos para jantar e, mais tarde, decidiu que deveríamos ir ao local de filmagens onde Mick Jagger estava fazendo seu novo filme *Performance*. De acordo com o IMDB, o Internet Movie Database, o lugar era na Lowndes Square, 23, Knightsbridge, Londres, o que explicaria a viagem relativamente curta. Ir ao local de filmagem não tinha nada a ver com minha pauta para *Rolling Stone*; fora apenas uma sugestão de Townshend. Quer dizer, *acredito* que tenha sido ideia dele nós irmos até lá; pelo menos, é como me lembro. Então aparecemos lá e, como você pode ver, as fotos foram bastante informais. Adoro a câmera polaroid clássica nas mãos de Mick, e Anita

Mick Jagger na locação de *Performance*. Londres, 1968.

Pallenberg estava linda. Os relacionamentos eram todos meio complexos; Anita era a namorada de Keith, ela já tinha namorado o Brian Jones antes e, agora, estava em um filme fazendo cenas de amor com Mick! Sem perceber na época o quanto isso era importante, eu não só estava na "Swinging London", mas tinha fotografado The Who, um Beatle e um *Rolling Stone*. Nada mal para alguns dias de trabalho. Olhando em retrospecto, eu gostaria de ter vivido em Londres durante aquela época – existia claramente uma sociedade de músicos e outros artistas criativos da qual eu teria sido um membro feliz.

Eu não sabia que esse grupo de guitarras pertencia ao ilustre guitarrista Jimmy Page. É constrangedor, mas eu nem sabia muito sobre o Led Zeppelin quando os fotografei. Simplesmente gostei do fato de serem uma banda bastante fotogênica; para mim, isso contou muito. Claro, eu conhecia "Stairway to Heaven", vi a multidão ficar enlouquecida quando a banda tocou a música novamente. Mas quando o Zeppelin apareceu para uma recepção estrondosa [do público], fiquei surpreso porque, de novo, não imaginava que eles fossem isso tudo para tanta gente, o que valia para muitos dos músicos que fotografei.

Diante da escassez de fotos em meus arquivos, penso, caralho, eu podia ter, devia ter tirado muito mais fotos. Nunca percebi bem a oportunidade maravilhosa que me foi dada, de documentar e registrar essas pessoas que se tornariam tão importantes para a história da música, bem como para a história de nossa sociedade. Acho que

"Artilharia pesada" de Jimmy Page, Led Zeppelin, Day on the Green, Oakland Coliseum, Califórnia, 1977.

deveria ter imaginado; só não consegui ver tão longe no futuro. Quem poderia? Muitos outros, aparentemente, viram – David Gahr com certeza viu. Ele documentou praticamente todos os grandes artistas originais de blues, folk e country. Se eu pudesse voltar o relógio...

Os shows Day On The Green produzidos por Bill Graham eram incomparáveis; ninguém produzia concertos como Graham. Ele foi, sem dúvida, o melhor. Ao longo dos anos e depois de deixar a *Rolling Stone*, fotografei vários concertos DOG para Bill; gostaria de ter assistido a mais deles. Cada lista de participantes do Day On The Green incluía os melhores, os músicos mais populares da época. Eu me lembro das séries e desejei que minha câmera e eu estivéssemos em cada um deles; eu devia ter mudado para Oakland, porque qualquer banda que você quisesse ver ou fotografar tocou para Bill e os fãs do DOG.

Empresário Bill Graham, São Francisco, 1967.

John Entwistle, baixista do The Who, Estúdios IBC, Londres, 1968.

Johnny Cash e June Carter Cash, Circle Star Theatre,
San Carlos, Califórnia, 1967.

Na coxia, Johnny Cash não parecia antecipar uma alegre apresentação naquela noite. Em todas as fotos que tirei na coxia, ele estava sombrio; e não era o tipo de ar soturno ou ansiedade nervosa que precede um show. Era algo mais – você olha nos olhos dele e não vê muita alegria neles. Não sei muito a respeito dele durante aquele período (foi em 1967) ou o que estava acontecendo em sua vida pessoal, então é impossível especular o que se passava pela mente dele. Embora antes do show tanto June quanto Johnny parecessem querer qualquer coisa menos entrar no palco, eles fizeram um show muito bom; a audiência recebeu aquilo por que pagara. Na coxia, sombrio, no palco sorrindo. O que posso dizer? As fotos de Cash estão entre as primeiras que fiz a pedido da *Rolling Stone*. Começamos a publicar em outubro de 1967. Elas foram tiradas em dezembro daquele ano, no Circle Star, um teatro popular circular no sul de São Francisco.

Tenho certo carinho por essa fotografia de coxia que fiz de Johnny

Johnny Cash, Circle Star Theatre, San Carlos, Califórnia, 1967.

– sua linguagem corporal, a pose sentado, o olhar em seus olhos, aquele painel falso de madeira no fundo, o granulado do filme que eu estava usando naquela noite. Tudo nesta foto é excepcional. Em 2007, a Morrison Hotel Gallery em Prince Street, Nova York, exibiu uma coleção de minhas fotos de música. A mesma foto de Johnny Cash estava incluída na coleção, é claro. Durante a abertura, uma mulher veio até mim e disse: "Adorei sua foto de Johnny Cash e June Carter Cash". Agradeci pelo cumprimento, mas perguntei: "Onde está June na foto?". Ela respondeu que June estava ao fundo e apontou para ela. Ela estava certa; June estava, de fato, na foto, fora de foco, refletida no espelho atrás de Johnny. Eu tinha tirado a foto em 1967; demorou 40 anos para eu "encontrar" June na imagem – isto é, até a mulher encontrá-la para mim. Pensamos que sabemos tudo sobre as fotos que tiramos, até que algo novo é revelado. Adoro esta profissão!

Quicksilver Messenger Service, Golden Gate Park Panhandle, São Francisco, 19—

Eu era um grande fã de pequenos shows, nada maior que Filmore West. Então foi com grande desalento que vi Graham mudar seus shows para o Oakland Coliseum, sede dos Oakland Raiders, um time de futebol profissional, e do Oakland Athletics, time de baseball profissional. "Quem iria a um show em um estádio de esportes fechado?", pensei. Bem, é claro, dezenas de milhares foram, semana após semana, para os shows Day On The Green (DOG), de Bill Graham.

OS ANOS DA *ROLLING STONE*

Show Day On The Green, Oakland Coliseum, Califórnia, 1976.

Depois que deixei a *Rolling Stone* e comecei a fazer fotos aéreas, ainda faria, ocasionalmente, fotos de música. Entrei em contato com Graham e sua equipe. Eles sabiam que eu estava fazendo fotos aéreas e também sabiam que eu adorava música, e me pediram para alugar um helicóptero e tirar fotos do show "The British Are Coming" do Peter Frampton – um dos primeiros shows DOG. Mal acreditei ao ver os milhares de fãs que se apertavam no estádio, ou o palco imenso que Graham tinha montado para Frampton fazer seu espetáculo. Esse foi apenas um dos muitos shows DOG que fotografei para Bill e até hoje acredito que, vistos como um todo, os DOG que aconteceram de 1973 a 1991 foram a melhor série de shows a céu aberto que este país já viu. Os grupos eram incríveis, os shows eram incríveis e os valores de produção impressionantes. Todos os que eram alguém apareciam no Day Of The Green. Uma verificação na Wikipedia no verbete do DOG é como rever um *quem é quem* da música popular.

Howlin'Wolf, Ann Arbor Blues Festival, Michigan, 1969.

Howlin' Wolf foi agendado para cantar no Ann Harbor Blues Festival, outra de nossas paradas na agenda de turnês *Festival*. Fotografei-o na coxia à tarde. Ele estava quase completamente bêbado e, quando subiu ao palco, estava acabado; havia bebido o dia todo. Lendas do blues do Mississippi, como Fred McDowell e Roosevelt Sykes apresentaram-se no Ann Arbor. Também tocaram Muddy Waters, Luther Allison e Willie Mae "Big Mama" Thornton. Lembro-me de ficar surpreso ao ver policiais na entrada revistando mochilas e confiscando garrafas de vinho e cerveja que depois esvaziavam em um grande tonel de aço. Talvez essa seja uma das razões pelas quais os dois dias de festival foram tão descontraídos e totalmente gratificantes.

Iggy e The Stooges, Mt. Clemens Pop Festival, Mt. Clemens, Michigan, 1969.

Não muito distante dali – e concorrente com o festival de blues – estava acontecendo outro evento musical, o The Mt. Clemens [Michigan] Pop Festival.

Eu estava lá e tive meu primeiro e único encontro com Iggy e The Stooges. Eu não sabia quem eram e não estava preparado para as ginásticas de Iggy no palco. Cara, ele se dobrava para trás quase que em dois, ainda gritando no microfone: ele era agressivo. Mas era ótimo para fotografar e, definitivamente, passou no meu "teste de fotogenia!".

Esse festival pequeno aconteceu em um muquifo, era desconfortável – quente, úmido, enxames de mosquitos –, eu não via a hora de sair de lá. E agora de novo essa autopunição: se eu tivesse sabido mais sobre Iggy, se entendesse quem ele era, em especial na cena musical de Detroit, eu teria clicado muito mais filmes. Que inferno, eu só tirei umas dez fotos. Imperdoável! De qualquer modo, Mt. Clemens Pop foi um daqueles shows pequenos onde não tocaram bandas famosas, eles eram garotos que adoravam tocar música e não importava para eles se a plateia fosse pequena. Era música pop, a mais inocente, fresca e atraente.

James Brown, San Francisco Civic Auditorium, 1970.

Estas fotos de James Brown foram tiradas no show de ano-novo de 1970 no local que, na época, era chamado de San Francisco Civic Auditorium. Depois do acidente fatal de Bill em 1991, uma queda de helicóptero, o lugar foi rebatizado como Bill Graham Civic Auditorium, em honra à sua contribuição extraordinária para o mundo musical de São Francisco. Estar na coxia era sempre um desafio, mas neste caso, foi um desafio único. Naquela época, James Brown tinha uma equipe de seguranças parecida com os esquadrões que ficam em volta dos astros de rap hoje em dia – homens negros imensos e aos montes. Sou um homem branco, baixinho e, pelo contrário, não é difícil para ninguém me intimidar. Nunca foi fácil, para mim, ser gentil e me justificar, explicar por que estava aqui ou ali, para passar pela segurança e poder

James Brown, San Francisco Civic Auditorium, 1970.

fazer meu trabalho, tirar minhas fotos e não incomodar ninguém. Fiquei pensando em como Jim (Marshall) teria administrado a situação. Jim cresceu em uma vizinhança composta quase que inteiramente por negros, então sabia como se comportar ou o que não fazer.

Meu camarada, o fotógrafo branco e alto Michael Zagaris, acredita ser negro e poder conversar com qualquer um como um "irmão". Eu, por outro lado, era branco, baixinho, dos subúrbios, tentando esconder meu desconforto. Os seguranças haviam recebido ordens de manter todo mundo fora e estavam fazendo bem seu trabalho. Como de costume, no fim, me deixaram passar. Quando consegui atravessar as camadas de segurança, fui muito bem tratado por Brown e seu pessoal e obtive acesso total.

Jann Wenner no escritório original da *Rolling Stone*, em Brannan Street, São Francisco, 1968.

Essas duas fotos de Jann foram tiradas no início da história da revista, logo depois da publicação do número 1 da *Rolling Stone*. Na parede está o boneco do primeiro número. Eu me lembro de algum debate envolvendo o projeto do logo; tenho certeza de que Rick Griffin teve um papel no design – eles devem ter trabalhado um pouco na interpretação inicial de Griffin, mas os detalhes me escapam. No boneco da primeira edição você pode ver a ilustração da foto de John Lennon no filme *Que delícia de guerra*. Todos os primeiros layouts foram feitos assim, à mão. Aquele deve ter sido um layout de amostra; a edição, em si, não ficou daquele jeito – semelhante, mas não igual.

Jann Wenner em seu escritório pessoal na Brannan Street, São Francisco, 1969.

Eu sempre admirei o gosto de Jann. Ele tinha um grande bom gosto, tanto nos arranjos domésticos como nos móveis de escritório, bom gosto em design e um grande senso editorial – sem dúvida, o cara tinha bom gosto. Quer dizer, quando você entra no escritório de um cara de 22 anos e encontra uma antiga namoradeira entalhada ou uma mesa cara de acrílico? Quem decoraria com tanta elegância? Qualquer outra empresa que estivesse começando, provavelmente teria uma mesa feita com uma porta de madeira velha sobre blocos de concreto. Alguns anos depois que nós começamos a publicar, a *Communication Arts* – publicação bastante respeitada dedicada à excelência no design gráfico – fez uma matéria sobre a *Rolling Stone*, elogiando nossa revista pelo seu design e fotografia, mas fez pouca ou nenhuma menção ao conteúdo editorial. Embora Jann não tivesse ficado feliz com a omissão, creio que ele sabia, intuitivamente, que a aparência da revista tinha um papel importante para que as pessoas a pegassem e levassem para casa. Em primeiro lugar, ela tinha de ser atraente, e se fosse também uma boa leitura, elas voltariam para pegar outros números.

Ted Nugent, Day On The Green, Oakland Coliseum, Califórnia, 1978.

Robert Plant e Jimmy Page, Led Zeppelin, Day On The Green, Oakland Coliseum, Califórnia, 1977.

Meu amigo Phil Carrol, diretor de arte da Fantasy Records, ligou um dia e me pediu para voar até Los Angeles para fotografar Duke Ellington e sua banda, para um álbum que a Fantasy estava prestes a lançar. Foi tão excitante estar em um salão deslumbrante com uma *big band*; durante anos eu tinha apreciado a música de Ellington, mas nunca o havia visto, nem a banda – ou, aliás, nenhuma *"big band"*.

Duke foi uma das celebridades absolutamente maravilhosas, hospitaleiras, que encontrei ocasionalmente. Embora tivesse muitos talentos e realizações – ele era líder de uma **big band** de jazz, pianista, compositor –, Duke não tinha nariz empinado, questões de ego, nenhuma dessas coisas que se tornaram parte da cena do rock. Sentei-me com ele por um tempo em seu camarim e nós conversamos enquanto eu fazia alguns retratos informais; ele foi um cavalheiro, o homem tinha classe. No dia em que os fotografei, a banda estava tocando no lendário Ambassador Hotel na Wilshire Boulevard, o mesmo hotel em que Robert Kennedy fora assassinado em 1968.

Duke Ellington, Ambassador Hotel, Los Angeles, 1972.

Jeff Beck, Chateau Marmont, Los Angeles, 1968.

Em 1968, fotografei uma pauta sobre um cruzeiro navegando de São Francisco até Los Angeles, para a *Sunset*. Quando chegamos ao porto, em Los Angeles, saí depressa do barco e fui ao Chateau Marmont para encontrar Jeff Beck e sua banda. Fiquei com eles pelo resto do dia, antes de voltarmos para São Francisco, onde eles tocariam em seguida, no Fillmore. Foi a única ocasião em que acompanhei uma banda por um período de tempo; não fiz nada além de tirar fotos e conversar. Foi legal, foi bem bacana, e pude perceber por que muitos dos fotógrafos gostam de fazer isso. Sem a pressão de um show podemos tirar ótimas fotos, como as que tirei de Jeff em seu quarto no Marmont, sentado lá, tocando guitarra com uma TV silenciosa ao fundo; não se consegue esse tipo de foto sem estar em turnê com uma banda.

Jeff Beck, S&C Ford, São Francisco, 1968.

Todos voamos juntos de volta para São Francisco, onde passei a maior parte do tempo com o grupo inteiro do Jeff Beck Group – Jeff, Ron Wood, Rod Stewart, Mickey Waller e Nicky Hopkins. Agi como um guia turístico, mostrando minha cidade para eles, explicando como usar os bondes, levando-os pela Golden Gate Bridge, para o famoso No Name Bar em Sausalito (onde eles começaram a cantar as garotas, é claro). Naquela época, Jeff viajava com um toca-discos de 45 rpm e uma coleção de discos 45 rpm. Ele colocava música e praticava sozinho em seu quarto de hotel. Beck também era um cara que gostava de carros. Ele me perguntou se eu sabia onde comprar um carro americano antigo com motor envenenado, e levei-o ao salão de exposição de um vendedor de carros, que tinha um à venda. Jeff ficou imediatamente fascinado com o carro e decidiu comprá-lo na mesma hora. Fotografei-o fazendo o cheque para a compra. Mais tarde, fiquei sabendo que o carro nunca chegou à Inglaterra – tinha algo a ver com embarque ou alfândega. Também ouvi dizer que ele se arrependeu por não ter descoberto como levar o carro para casa.

Lightnin' Hopkins, São Francisco, 1969.

Eu decididamente não era bem informado quando o tema era blues e os músicos que o tocavam. Embora eu tenha fotografado muitos deles e apreciado sua música, na época em que meu conhecimento casou com as fotos, a maior parte deles já tinha morrido. Essa foto de Lightnin' foi tirada em São Francisco em um pequeno clube na Divisadero Street.

Foi quando Jim (Marshall) e eu íamos àqueles festivais de blues em 1969 – Memphis e Ann Arbor – que eu comecei a entender, de verdade, o papel significativo enorme que esses músicos tiveram na história da música popular americana e britânica. Nos festivais, quando eu ouvia os caras da antiga tocando blues antigos eu entendi, de um modo mais visceral, que aquela era a origem de muita música contemporânea, em especial a música vinda do Reino Unido, tocada pelos Stones, The Who e outros.

Mike Bloomfield, São Francisco, 1968.

Mike Bloomfield era um músico de blues negro, branco – não tem outro jeito de descrevê-lo. Ele nasceu em uma família judia rica do norte de Chicago, perto da Northwestern, onde fiz faculdade. O interesse de Bloomfield pelo blues e seu compromisso com esse gênero começaram quando ele era adolescente e passava horas nos clubes de blues, no sul de Chicago. Quando a *Rolling Stone* colocou no 22º lugar entre os maiores guitarristas, o artigo dizia: "A reputação de Bloomfield como o guitarrista americano branco de blues dos anos de 1960, apoia-se em uma obra pequena e marcante: suas frases de guitarra no disco de Bob Dylan, *Highway 61 Revisited,* seus dois LPs com a Paul Butterfly Blues Band e seu improviso sublime com Al Kooper no *Super Sessions* de 1968". Muitos não sabem do fato significativo de que Bloomfield foi um dos membros da banda que apoiou Dylan e sua controvertida primeira aparição com uma guitarra elétrica, no Newport Rock Festival de 1965.

Nathan Beauregard, Memphis Blues Festival, Tennessee, 1969.

Quando fotografei Nathan Beauregard, no Memphis Blues Festival, em 1969, ainda não sabia que ele era cego de nascença, nem que dali a alguns meses faria seu aniversário de 100 anos, além de cantar. Ele foi levado ao palco por seu sobrinho de 73 anos, Marvin, e de acordo com alguns relatos, pelo menos uma das canções que ele cantou foi "Highway 61 Revisited". Ele tinha uma voz aguda, mais ou menos de acordo com sua idade, acho, mas a dicção deixava a desejar. Sua performance foi excepcional por ele ter cantado as verdadeiras raízes do blues; se você quisesse saber de que lugar do Delta o blues tinha vindo, era com ele.

Mississippi Fred McDowell, Memphis Blues Festival, Tennessee, 1969.

Em duas ocasiões no fim dos anos de 1950, quando eu estava na faculdade em Chicago, fui ao lado sul da cidade onde tantos ícones do blues tocavam nos clubes. Sempre gostei dessas "expedições de garoto branco", sempre gostei da música, sempre me diverti nos clubes. Na época, eu tinha colocado minha câmera de lado e não pensei em documentar minhas visitas àqueles lugares – mais um de meus grandes arrependimentos.

Sun Ra, Berkeley, Califórnia, 1968

Quando fui a Berkeley para fotografar Sun Ra para o número 31, não fazia ideia do que ele era, ou que tipo de música ele e sua Arkestra tocavam. O homem era um músico extraordinário, mas um tanto obscuro – tanto ele como sua música eram do outro mundo, controvertidos e difíceis de entender. Sun Ra morreu em 1993, mas sua música, um amálgama de jazz, eletrônico e improvisação, foi redescoberta por uma audiência nova e jovem, sendo bastante sampleada por DJs do mundo todo. De acordo com uma fonte, Sun Ra "era um compositor de jazz prolífico, líder de banda, tocava piano e sintetizador, era um poeta e filósofo conhecido por sua 'filosofia cósmica', suas composições musicais e performances". Ele também era muito fotogênico, atendendo a todos os meus critérios materiais para a criação de uma boa fotografia.

Joni Mitchell em casa, Laurel Canyon, Los Angeles, 1968.

Ocasionalmente, quando meu amigo Jean e eu temos "pensamentos profundos" para compartilhar, mandamos letras de música um para o outro. Nossas sensações e "pensamentos profundos" não são tão singulares; outros tiveram experiências semelhantes e, por eras, os compositores escreveram palavras de alegria, tristeza e desejo. Jean, invariavelmente, me envia letras de Joni Mitchell e elas, em geral, atingem o alvo e são comoventes. As letras de Joni não são simples nem simplistas; elas são complexas e cheias de sentimento e quase sempre chegam ao cerne da questão. Tenho grande admiração por Joni Mitchell, agora que fui apresentado a ela dessa maneira. Joni também é uma pintora talentosa: você pode ver o trabalho dela em seu website. Mas, ao contrário de outros "músicos-que-querem-ser-pintores", ela se recusa a comercializar ou vender os trabalhos. Eu admiro-a por isso, embora fosse adorar a ideia de publicar um livro com suas pinturas; seria um bom modo de compartilhá-las sem vendê-las.

Eu fotografei poucas vezes o músico de blues Taj Mahal, a maioria delas na casa dele ou em seus arredores, poucas em apresentações. Como no caso de Jimi Hendrix, eu achava difícil tirar uma foto ruim de Taj. O homem tinha uma coisa essencialmente fotogênica. Meu amigo, Jim Marshall, falava com frequência sobre a confiança que pode existir entre o fotógrafo e o fotografado, um componente necessário para uma experiência fotográfica de sucesso, algo que fornece uma oportunidade para criar retratos íntimos e significativos. Talvez essa confiança tenha existido entre Taj e eu. Em 1974, Taj vivia em Oakland quando a Columbia Records me pediu para fazer algumas fotos novas dele – esta é uma daquela sessão.

Taj Mahal, Oakland, Califórnia, 1974.

Little Richard, na KPIX-TV, São Francisco, 1967.

Em dezembro de 1967, Little Richard e sua banda tocaram nos estúdios de TV da KPIX em São Francisco, e eu estava lá com minhas câmeras. Seu rosto sempre expressivo era um sonho para os fotógrafos. Ele era muito aclamado pelos colegas músicos – James Brown disse que Little Richard foi o "primeiro a colocar o funk na batida do rock". Fotografei-o duas vezes; a outra vez foi para Bill Graham em um show. Cheguei a fotografar Richard (ou devo dizer Little) tanto em branco e preto como em cores, uma raridade para mim, naquela época.

O Straight Theater, Haight Street, São Francisco, 1967.

Acho difícil acreditar que, nos cinco anos que vivi em Haight-Ashbury, tenha ido tão pouco à miríade de concertos que aconteceram no Straight Theater, um cinema de vaudevile renovado na Haight Street. Embaraçoso porque o Straight era apenas a cinco minutos de caminhada de minha casa. Uma espiada nos talentos musicais que tocaram lá, de junho de 1967 a abril de 1969, incluiria todas as bandas famosas da Área da Baía e algumas mais: The Grateful Dead, Janis Joplin com Big Brother, Santana, The Charlatans, Blue Cheer, Country Joe McDonald, Quicksilver Message Service, Steve Miller – era uma lista longa e impressionante. Havia espetáculos de dança, leituras de poesia e eventos para levantar fundos no Straight. Muitas bandas locais fizeram sua primeira (e algumas vezes única) apresentação no teatro da Haight Street. Em 17 de setembro de 1967, Little Richard estava agendado para se apresentar. Aparentemente, ele não foi... [no cartaz da foto: "Little Richard não irá aparecer"].

Duane Allman, The Allman Brothers, Macon, Califórnia, 1969.

Gregg Allman, The Allman Brothers, Macon, Califórnia, 1969.

B. B. King, Fillmore West, São Francisco, 1968.

Sly Stone, Monterey Jazz Festival, California, 1969.

Jim Morrison, The Doors, São Francisco, 1967.

Fotografei The Doors no Winterland de Bill Graham, um evento enorme em São Francisco, com capacidade maior que o Fillmore. Naquela noite decidi que tentaria fotografar o concerto da plateia, para ver como era a partir daquela perspectiva. O problema principal no Winterland era eles não terem um cercado de segurança ou área para fotógrafos. Por isso, para chegar à frente do palco, tive de empurrar e atravessar por entre as pessoas, que também estavam se jogando em direção ao palco. Eu estava com minha sacola de fotógrafo e algumas câmeras e, se você já esteve em um concerto grande, sabe que na frente as pessoas ficam pressionando o tempo todo para chegar mais perto, o mais perto possível do palco. A multidão foi razoavelmente educada e gentil: deixou-me passar espremido porque eu lhe disse que era da *Rolling Stone* e precisava tirar fotos. Mas sou baixinho e tive de passar por todos aqueles corpos com cabeças bem acima da minha. Eu precisava chegar à frente para conseguir fotografar a banda sem aquelas cabeças aparecendo na foto.

Jim Morrison, The Doors, São Francisco, 1967.

Todo mundo pressionava tanto uns contra os outros, como se costuma fazer na frente, que comecei a me sentir como um peixe em uma lata de sardinhas. Naquela situação, era extraordinariamente difícil mudar as lentes ou trocar de câmera. Tornou-se impossível mudar minha posição; lá estava eu, preso, e tive de tirar o melhor da situação. Aqueles que estudam as fotos de Jim Morrison, mulheres em especial, tendem a olhar para o "pacote" dele, que sempre usava aquelas calças brilhantes de couro, mostrando que aquela parte estava bem preenchida. Não sei se ele punha enchimento na virilha ou se era Jim mesmo, mas as mulheres sempre olharam lá. Ei, elas o adoravam, então, por que não? Tenho dificuldade para compreender o culto à celebridade. Algumas pessoas se ocupam mais de notícias sobre celebridades do que com notícias sobre a realidade. Talvez seja porque a adoração à celebridade seja um conceito simples em um mundo cheio de complexidades, intrigas e corrupção. Em um mundo onde existem problemas tão colossais, que nem temos como começar a resolver, temos de falar sobre personalidades, mesmo.

Uma das primeiras pautas que fiz para a *Rolling Stone* (número 2) foi fotografar Ike & Tina Turner em um pequeno clube de São Francisco, um clube bem conhecido, chamado Hungry I. No Hungry I, o palco era baixo, não mais alto que um tablado, tinha por volta de 90 centímetros. Os convidados podiam deslizar direto para a frente do palco, como fiz, sem que ninguém os incomodasse, sem aquilo de: "só é permitido ficar ali durante duas músicas", nem nada dessas bobagens. Era muito importante naqueles velhos tempos ter esse tipo de intimidade ou acesso. Não estou falando sobre o acesso aos grandes palcos, mas nos clubes pequenos você podia ir direto para o palco.

Bill Cosby estava no programa naquela noite, e fiquei conversando com ele antes do show. Eu tinha trazido uma mulher realmente bonita para ser minha

Ike & Tina Turner com as "ikettes".
São Francisco, 1967.

"assistente", como gosto de fazer. Antes que eu percebesse, Cosby começou a cantar minha acompanhante. "Como você ousa, porra, isso não é justo, sei que você é famoso, sei que está ganhando muito dinheiro, mas ela é minha." Então olhei para a moça e percebi na hora que logo ela seria dele – o poder da celebridade é tão grande! E eu não era uma. Mesmo assim, o Hungry I foi um clube ótimo, um lugar pequeno que foi essencial para a carreira de muitos artistas, inclusive a de Cosby.

Steve Winwood na redação original d
Rolling Stone, São Francisco, 1968

Kris Kristofferson no set de *Cisco Pike*, Los Angeles, 1970.

Minhas fotos de Kris Kristofferson não foram feitas para a *Rolling Stone*. Depois que saí, cheguei a fazer algumas fotos para outras publicações ou gravadoras – naquela época, eu já era bem conhecido de vários editores e diretores de arte. Fotografei Kris para a revista *Hight Fidelity*. Esta foi tirada no set [do filme] *Cisco Pike* e no entorno; era um filme sobre um músico com um problema de alcoolismo. Naquela época, Kris estava tendo problemas com a bebida, então, para mim, essa imagem é mais do que uma foto cinematográfica, porque representa o que estava acontecendo naquele momento. Kristofferson é tão talentoso e fotogênico; outro músico de quem é impossível tirar uma foto ruim.

Dando um giro pela Haight Street, São Francisco, 1967.

Embora o redator do *San Francisco Examiner,* Michael Fallon, tenha sido o primeiro a batizar o povo da contracultura da Haight Street de "hippies" (derivado de "Hipster"), o colunista do *San Francisco Chronicle,* Herb Caen, continuou a usar o termo regularmente, popularizando-o mais do que nunca durante 1967, o "Verão do Amor" em São Francisco. A mídia nacional também pegou o termo e perpetuou-o.

Hippie posando para turista, Haight Street, São Francisco, 1967.

Durante o período em que vivemos na Haight, minha câmera e eu passávamos horas observando os turistas observarem os hippies e estes observando os turistas. Uma vez que a América ouvira falar dos hippies, as pessoas começaram a vir de todos os cantos do país. Haight Street, em geral, era um congestionamento de oito quarteirões – em qualquer dia, havia mais turistas do que hippies nas ruas. Eles vinham com suas câmeras portáteis para fotografar – talvez até pudessem ser fotografados com um hippie, ou tocar em um. Para ganhar alguns dólares, os hippies vendiam vários jornais de contracultura que os turistas compravam como lembrança ou como "propina" para ter suas fotos tiradas com aqueles vendedores de jornal de aparência esquisita (para eles).

Jerry Lee Lewis, Nova York, 1969.

Jerry Garcia, The Grateful Dead, São Francisco, 1969.

Jimi Hendrix

Jimi Hendrix foi um de meus fotografados favoritos, em absoluto; ele se vestia bem o tempo todo. Mesmo quando estava descansando, entre suas roupas e figurinos, ele era fotogênico. Quando Jimi estava no palco, mostrava-se um *performer* incrível. Tirando de lado seu gênio como músico, era bom no palco, suas expressões faciais, o modo como ele cruzava os braços para tocar; ele tocava com a guitarra nas costas, ele tocava com os dentes, ele fazia sexo com a guitarra. Para um fotógrafo, clicar Jimi enquanto trabalhava era como tirar a sorte grande... ou, como eles dizem, fotografar um peixe no aquário.

Nos tempos do filme, se você fotografava um rolo de 35 milímetros e acabava com duas ou três grandes fotos naquele filme, sentia-se bem-sucedido. Mas olho para os contatos de Hendrix e das 36 exposições existem 20 grandes fotos, no mínimo. Acho que isso diz algo sobre ele ou eu, ou um pouco de ambos.

Jimi Hendrix, São Francisco, 1968.

Jimi Hendrix, São Francisco, 1968.

Jimi Hendrix, Nova York, 1968.

Jimi Hendrix, São Francisco, 1968.

O que aprendi fotografando Hendrix – e foi na verdade a primeira vez que compreendi isso, algo que se tornou claro para mim – é que os músicos se repetem. Eles repetem não apenas frases musicais, mas, ao repetir as frases, eles repetem os movimentos corporais. Se você prestar atenção e escolher os movimentos de que gosta, pode ter certeza de que a mesma frase musical com seu movimento virá de novo e você poderá fazer outra foto. Então, você tem de ouvir com atenção, antecipar a chegada do movimento e clicar antes de ele chegar, porque, se você viu o movimento na mira, o momento terá passado – você não conseguiu pegar. Quando vir o movimento, ele já virou outra coisa. Nós tínhamos de estar cientes da música sem ouvir; tínhamos de nos antecipar. Antecipação era a chave. É por isso que essa foto é tão fantástica, porque ela não poderia ir além disso, tornar-se melhor; não tem como melhorar essa imagem. Esse é o momento "exato" para o qual todos fotografamos, aquele que antecipamos e esperamos capturar. O que adoro, na foto, é como ela mostra o êxtase que um músico deve sentir quando está tocando. A euforia da performance – está tudo lá e nem sempre você capta isso em uma fotografia. Jimi estava em um momento de ápice. Nós quase sempre almejamos aos momentos de ápice, mas na maioria das vezes não chegamos lá.

Jimi Hendrix, São Francisco, 1968.

Miles Davis

Miles and Betty Davis, New York, 1969.

Em alguns momentos, realmente fiquei intimidado pelos meus fotografados ou fiquei nervoso ao tirar suas fotos. Miles Davis é um exemplo perfeito. Contaram-me que Miles podia ser bem difícil, especialmente se você fosse branco, então eu não sabia o que esperar quando fui à casa dele, no lado oeste do Central Park em Nova York. Não precisava ter me preocupado: nós nos demos bem nas duas vezes em que o fotografei, embora tenham sido no mesmo dia – primeiro com sua esposa, na época Betty, depois sozinho, só nós dois. Creio que foi essa a cronologia; afinal, aconteceu há mais de 40 anos. Betty tinha marcado a sessão com ela e Miles. Eu a conhecia porque havíamos feito uma grande sessão de fotos de moda com ela para a *Rags*. Ela foi uma "fashionista" de primeira classe, que conhecia roupas, tinha muito bom gosto e foi fundamental na mudança de guarda-roupa de Miles. Ela disse: "Baron, venha até aqui e me fotografe com Miles". Eu sempre quis tirar retratos de Miles e não me desapontei com o resultado. Estávamos na casa dele, em Nova York.

Por preferir a luz do dia (ainda prefiro), deixei as luzes em casa e acabei fazendo o que acredito ser os retratos mais sensíveis, tanto dele sozinho como dele com Betty. Para fotos dos dois, usei preto e branco e cores. A pintura de cores intensas atrás deles era uma das de Miles – como muitos músicos de talentos múltiplos, na época ele tinha se tornado criativo em outro campo (e, como no caso de Jerry Garcia, seus trabalhos de arte acabaram virando estampa de gravatas vendidas em lojas).

Miles com sua Ferrari 275 GTP, 1969.

Miles Davis na Gleason's Gym, Nova York, 1969.

Depois que a sessão de retratos terminou, ele disse: "Certo, então vamos para a academia". Entramos na Ferrari vermelha dele e descemos a West Side Highway, em direção à famosa academia Gleason's Gym. No caminho, eu pedi a ele para tirar alguns retratos a mais, não com sua esposa, mas com sua amada Ferrari.

Quando chegamos na academia, ele resmungou: "Baron, você está totalmente fora de forma. Você vai entrar no ringue comigo para um exercício sério". Felizmente, para meu corpo e posteridade, o único exercício físico que fiz foi com minhas câmeras, seguindo-o enquanto ele se aquecia, fazia exercícios com o saco de pancadas e treinava com um amigo no ringue. Meu único arrependimento foi não ter feito com que ele posasse no ringue ou na academia, como fez Jim Marshall para obter sua grande foto de Miles, sentado em um banquinho, no canto de um ringue. Conversamos sobre o amor dele por boxe e como isso tinha a ver com o modo como ele tocava. "Ouça minha música com atenção: eu toco como boxeio. Você pode ouvir os murros, as fintas, os cruzados, os golpes no queixo. Você pode imaginar que estou lutando boxe quando toco."

Minha conclusão é de que o boxe também era um reflexo de sua personalidade. Miles era um cara raivoso – talvez sua música também fosse assim, de certa forma – mas, para mim, é como se o boxe fosse outro modo de ele lidar com suas muitas hostilidades, livrando-se delas na academia.

Miles Davis no volante em sua Ferrari 275 GTP, Nova York, 1969.

Depois do treino, sentado no banco do passageiro da Ferrari, tirei mais algumas fotos enquanto Miles dirigia de volta para casa. Em um dos fotogramas você pode ver o logotipo clássico da Ferrari no volante. Essa e outra foto foram impressas em tamanhos enormes e participaram de uma exposição no museu Ferrari, em Maranello, Itália, e também em uma mostra importante em Paris, chamada "Nós Queremos Miles". Na mostra de Paris, estava o diário da baronesa Nica de Koenigswarter, uma herdeira que apoiava muitos músicos de jazz – Miles, Charlie Parker, Monk e outros do gênero. Durante as jam sessions que ela fazia em sua suíte de hotel em Nova York, pedia a cada músico que escrevesse no diário dela seus três desejos mais importantes. Miles escreveu apenas um desejo: "Ser branco".

Janis Joplin, "The Concert for One", São Francisco, 1968.

Janis Joplin

Eu sempre gostei de fotografar Janis e a Big Brother; era divertido estar com eles, e mais divertido ainda era fotografá-los. Gosto da Big Brother. Eles ainda tocam com frequência e tocam bem. Lembro-me de que uma vez encontrei com eles dentro de um avião de volta para São Francisco; eles tinham sido a banda principal no Nudestock, uma convenção anual "naturista" do Meio-Oeste. Até contratei a banda para tocar no "Winestock", um evento que organizei por ocasião do 25º aniversário do festival Woodstock, que aconteceu nas vinícolas de Markham, em Napa Valley. No convite estava escrito: "Preto Desbotado Opcional". Fizemos leilões de garrafas gigantes do vinho mais requintado do Napa Valley, garrafas em que haviam sido gravadas reproduções de fotos que eu tirara de ícones da música.

Janis Joplin foi outra de minhas fotografadas favoritas. Ela tinha um rosto tão expressivo; era uma *performer* tão vigorosa. Janis tinha dois lados distintos em sua personalidade: o sombrio e o alegre. Ambos estavam lá, no palco, e ambos estavam presentes fora do palco. Ambos formavam a Janis verdadeira e, quanto mais eu a conheci – quanto mais soube sobre ela – tudo fez mais sentido ainda. Ela podia ir do sombrio para o alegre, da alegria para a tristeza com muita rapidez. As duas fotos famosas de Jim Marshall da coxia, dela com a garrafa de Southern Confort, confirmaram a dualidade com muita clareza.

Quando Janis sorria, seu rosto se iluminava, o corpo relaxava e ela resplandecia. Sempre busquei a luz de Janis; ela estava com 20 e poucos anos e eu sabia que ainda existia uma menina ali – era uma menina que eu queria fotografar. Durante as sessões de foto eu dizia: "Janis, tirar foto não é como ir ao dentista", uma frase que sempre fazia surgir o prêmio de seu sorriso.

A única vez em que escolhi fotografar a "Janis sombria" foi quando tirei fotos em seu quarto. O aclamado fotógrafo dos anos de 1960, Bob Seiderman, fizera fotos de Janis seminua; uma das fotos era uma imagem adorável, que foi transformada em um pôster. Janis disse: "Ei, cara, eu sou a primeira hippie a virar pôster de *pin-up*!". Quando fui ao apartamento dela para fazer algumas de minhas fotos, percebi que ela tinha toda uma parede do quarto coberta desses pôsteres, do lado oposto da cama. Eu simplesmente a coloquei em frente a esses pôsteres. Embora eu sempre tenha preferido capturar o lado luminoso de Janis, eu a deixei ficar um pouco sombria naquele momento para combinar com o espírito daquelas imagens na parede.

Eu adorava quando Janis abria um sorriso – quer dizer, olhe para minhas fotos dela, simplesmente arrebatadoras, era daquele jeito que eu gostava de fotografá-la. Tirei várias fotos de Janis no quarto, ou na cama – Janis com seu cachorro, Janis com seu gato, Janis posando com sua capa de figurino. A foto na página 34 foi tirada na casa dela, estava morando em pelo menos um quarto – não me lembro de existir outro. Mas com certeza a cama dela estava em um quarto; ela tinha toda a tralha hippie pendurada por todo lado, aqueles pôsteres indianos que se via em todos os lugares – todo mundo viajava para a Índia, para visitar *ashrams*, e trazia aquelas coisas quando voltava. As cortinas dela e a maioria de suas roupas – de palco e as outras – eram feitas à mão por sua

Big Brother & The Holding Company, Palace of Fine Arts, São Francisco, 1968.

Nós precisávamos de uma foto do grupo para a gravadora CBS Records – uma dessa série, no fim, acabou virando capa de um álbum da Big Brother. Lembro-me de que, naquele dia em especial, Janis não estava com vontade de ser fotografada, porque ela tinha voltado do dentista e sentia

amiga Linda Gravenites, ex-mulher do músico de blues Nick Gravenites.

Nick compôs a canção "Buried Alive In the Blues" para Janis, mas ela morreu na noite anterior ao dia marcado para a gravação e a música apareceu como instrumental no seu álbum. Linda foi a estilista que acredito ter criado aquela capa que se tornara marca registrada de Janis. Ao que parece, a peça foi roubada e nunca mais foi encontrada.

que estava com a bochecha inchada e imensa, a sensação que você tem antes que a anestesia passe. Ela fez um monte de poses com a mão cobrindo a bochecha e pude usar, pela primeira vez, aquela frase que sempre evocava um sorriso nela: "Afinal, deixar que tirem uma foto sua não é como ir ao dentista". "Foda-se Baron, acabei de chegar do dentista. Estou fazendo isso por você."

Janis Joplin, em casa em Larkspur, Califórnia, 1969.

No fim dos anos de 1960, Janis mudou-se de São Francisco para uma casa com telhado de madeira, perto de um riacho em Marin County, em uma cidade chamada Larkspur. Fui a uma das muitas festas que ela deu na casa. Ela tinha uma mesa de sinuca no porão e tirei algumas fotos dela jogando sinuca. Um tempo atrás, um estranho entrou em contato comigo, disse que havia comprado a casa e que a mesa de bilhar ainda estava lá. Ele queria vender a mesa de bilhar e precisava de algumas fotos para provar que tinha sido de Janis Joplin.

Big Brother & The Holding Company, Palace of Fine Arts, São Francisco, 1968.

As Groupies

Adorei a "edição das Groupies", principalmente porque adoro mulheres e estou sempre procurando uma desculpa para fotografá-las. Vou contar como surgiu a pauta: normalmente havia mulheres na coxia com as bandas, mas, até aqui, nada de novo – várias mulheres ficavam lá prontas para entrar em ação, sexual ou de outro tipo, creio. Mas não é dessas que estou falando.

As que chamaram minha atenção eram jovens que tinham gasto um tempo considerável e feito um imenso esforço para se arrumarem para aparecer na coxia. Elas não eram apenas garotas que apareciam para participar, elas estavam lá atrás se pavoneando. Tratava-se de outra coisa – estilo e moda eram muito importantes para elas, algo central em sua apresentação; elas me fascinaram, porque era óbvio que não eram garotas de jeans procurando caras para levar para casa. Descobri o que acreditei ser uma subcultura do chique, e pensei que merecia uma matéria. Essas moças eram diferentes de todas as garotas que eu conhecia – de todas as mulheres que eu conhecia –, e Jann também achou que era uma boa ideia para uma pauta, na qual colocou Jerry (Hopkins), John Burks e eu; a matéria, no fim, ficou tão interessante que ocupou um número inteiro da revista.

Ela não apenas se tornou um número inteiro, mas também um número memorável. Jann e eu estávamos em Nova York a negócios. Fomos à gravadora CBS, um de nossos anunciantes e um de nossos maiores financiadores, explicamos que estávamos prestes a publicar um número importante (de acordo com nossa avaliação) e queríamos lançar aquela edição de modo a chamar bastante atenção. Falamos com o diretor de criação da CBS, Arnold Levine (um cara ótimo, por falar nisso), e pedimos ajuda dele para o projeto de um anúncio para a última página do *The New York Times*. A última página do segundo caderno do *The New York Times* é onde as publicações se promovem para conseguir atenção da mídia e, portanto, mais anúncios – olhe aqui, olhe para nós, olhe como somos bacanas. Em 1968, a página de verso – veja bem, estávamos lutando financeiramente –, a última página do *The New York Times* custava por volta de 10 mil dólares, valor que representava um grande pedaço de nossa receita (acho que Arnold nem chegou a cobrar a criação do anúncio). Para nossa capa, ele colocou a foto de capa de Karen e na linha do anúncio: "Quando nós contarmos para vocês o que é uma groupie, será que realmente vão entender?". A sugestão não tão subliminar era de que a *Rolling Stone* pode dizer para você o que está acontecendo – sem nós, você não vai entender, Mr. Jones, porque tem algo acontecendo aqui e você não sabe o que é... [referência à música "Ballad of a thin man" de Bob Dylan, que tem o trecho: *"something is happening here/but you don't know what it is/do you, Mr. Jones?"*].

Jann e eu estávamos no Warwick Hotel, bem perto do "Black Rock", como o prédio da CBS é, ou era, conhecido na época. A primeira edição do *The New York Times* sai por volta da meia-noite, então ficamos por lá esperando, esperando e esperando por ela. Nunca me esquecerei de quando finalmente tivemos nas mãos as cópias do *Times* com nosso anúncio. De novo, a excitação de concretizar uma ideia. Não é preciso dizer que recebemos muita atenção para aquele número da revista. Trabalhei duro na "edição das groupies". Fotografei como fiz com a matéria de capa do Grateful Dead – uma luz simples (na verdade foram duas luzes), com fundo infinito: fotografias bastante simples dessas garotas. Uma delas disse: "Ah, mas eu não sou uma groupie". "Mas você é uma mulher bonita que acompanha os músicos, você pode se chamar do que quiser, mas é como estamos retratando você." E ela concordou em ser incluída.

Um dos conjuntos de groupies que decidimos fotografar foi o GTOs, um projeto de Frank Zappa. Algumas eram lindas, outras exóticas, outras ainda excêntricas. Elas eram as Girls Together Outrageously [Garotas Escandalosamente Juntas], ou Ocasionalmente Juntas, ou Oralmente Juntas... ou qualquer coisa começada com "O". Zappa as colocava no palco e ele produziu um álbum com elas (*Permanent Damage*), que é quase impossível de suportar. As GTO eram sete: Senhorita Pamela, Senhorita Misericórdia, Senhorita Cinderela, Senhorita Christine, Senhorita Lucy, Senhorita Fagulha e Senhorita Sandra.

As GTO's (Garotas Escandalosamente Juntas), Los Angeles, 1968.

Senhorita Pamela (mais tarde Pamela des Barres), Los Angeles, 1968.

Senhorita Pamela ou Pamela des Barres, como ficou conhecida, foi uma supergroupie que escreveu o livro *I Am With the Band*, dormiu com todo mundo e saiu contando a respeito. Para fotografar as GTOs, emprestei o estúdio da A&M Records. Fotografei cada uma delas individualmente, e, em seguida, em grupo. Em uma de suas fotos, Pamela sentou no fundo infinito com as pernas totalmente abertas. Quando eu vi aquela foto, percebi o quanto ela era simbólica, porque é mais ou menos como ela passou a vida como uma groupie; mas não falo isso para desrespeitá-la, ela foi uma escritora talentosa, além de muito habilidosa quando se tratava de conseguir os caras que ela queria. Não, ela nunca me escolheu. Sempre me perguntei como os caras sobre quem ela escreveu se sentiram quando viram seus flertes com ela tão bem descritos.

Lacy, São Francisco, 1968.   Trixie Merkin, São Francisco, 1968.

Lacy também estava na "edição das groupies". Tudo o que me lembro é que ela era fantástica, era mesmo: para a fotografia, usou um top de tricô bastante folgado sem nada por baixo. Eu não conseguia parar de olhar e fotografar. Ela chegou ao estúdio com uma de suas amigas, outra groupie, que nem de longe era tão impactante ou sensual. Todos nos sentamos juntos para fumar, e Lacy segurava aquele baseado tão perfeito dela quando fiz a foto. Para outra foto, dispus todos os números da *Rolling Stone* na frente dela. Era o começo de 1968 e não sei quantos assinantes tínhamos – as vendas de banca eram maiores que as assinaturas –, mas esse retrato de Lacy tornou-se a foto que enviamos como cartão de Natal agradecendo a todos por assinarem a *Rolling Stone*.

Também foi feito um grande pôster que enviamos para todas as lojas alternativas que vendiam a revista. Como a própria *Rolling Stone,* ele foi impresso em papel de imprensa com o logo colocado no topo.

A tocadora de baixo nas fotos é Trixie Merkin (uma "merkin" é uma peruca púbica, para os que não têm familiaridade com o termo, embora Trixie tenha escrito que o nome fora baseado no discurso do presidente Lyndon Johnson a "My fellow *muricans*" ["Meus amigos *mericanos*"]). Trixie havia estudado em Stanford, depois abandonou o curso e entrou para um "salão para a galera artística e divertida de Stanford", chamado de Anonymous Artists of America: "Eles aterrorizam o interior. Viajando de cidade em cidade, pintando a linha central de todas as estradas em vermelho América". Trixie posou fazendo topless na sessão de foto da "edição das groupies" para encorajar o mito perpetuado pelo músico Al Kooper de que ela tocava na banda fazendo topless. Hoje ela vive em Santa Fé e ainda toca. Recentemente, começou um festival de música chamado Med Fest – música para a "geração Medicare" [nome dado à geração de americanos que lutam para pagar planos de saúde particulares]. Com 60 anos, ela toca com bandas locais e se diverte muito fazendo música.

The Plaster Casters of Chicago, Chicago, 1969.

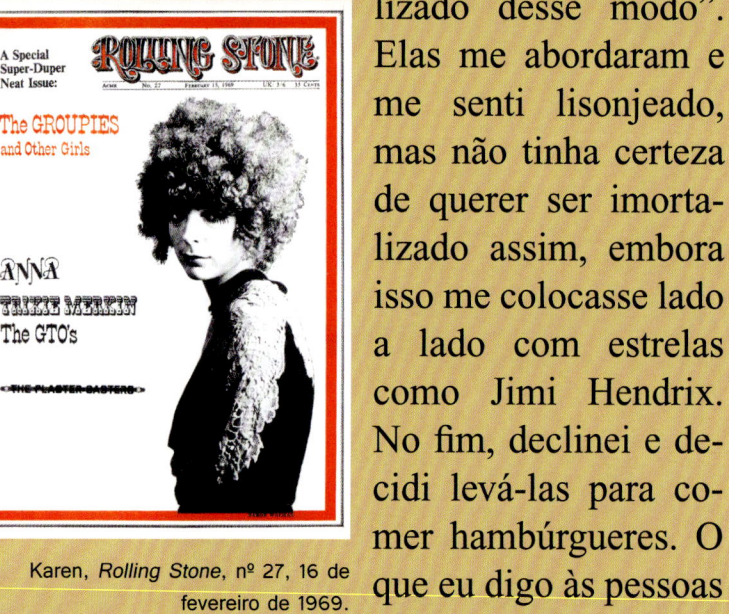

Karen, *Rolling Stone*, nº 27, 16 de fevereiro de 1969.

Nós incluímos as Plaster Casters of Chicago[1] naquela edição. Fui a Chicago para fotografá-las; usei emprestado o estúdio de um amigo. Elas ficaram muito animadas por terem sido reconhecidas, tinham até produzido uma camiseta com seu logo; elas eram muito espertas, tinham até uma marca! (Nunca vou me esquecer da camiseta que elas me deram; Juliana usava-a sempre nas aulas de balé, até que, em algum momento, ela deu a camiseta a alguém. Fiquei arrasado, gostaria de ainda ter a camiseta, que hoje é item de colecionador.) Enfim, depois que tiramos as fotos, as duas mulheres, adolescentes, para falar a verdade – sugeriram fazer meu molde. Foi uma "honra" terem me abordado, eu acho, mas pensei: "Isso é meio esquisito, não sei se quero ser imortalizado desse modo". Elas me abordaram e me senti lisonjeado, mas não tinha certeza de querer ser imortalizado assim, embora isso me colocasse lado a lado com estrelas como Jimi Hendrix. No fim, declinei e decidi levá-las para comer hambúrgueres. O que eu digo às pessoas agora: "Sim, elas me queriam, mas recusei porque não queria envergonhar todos os músicos".

Algumas das groupies se deram muito bem. Karen, que estava na capa do "edição das groupies", casou-se com um xeique do Kuwait, com quem teve três filhos. Recentemente ela me contatou e começou a comprar cópias de minhas sessões de foto. Ela está colecionando para seus filhos – parte dos tesouros da família, eu acho. Mais ou menos um ano depois da "edição das groupies", eu estava dirigindo pela Venice Boulevard em Los Angeles e vi que alguém tinha feito uma pintura da foto de capa de Karen na parede de uma casa – o elogio definitivo.

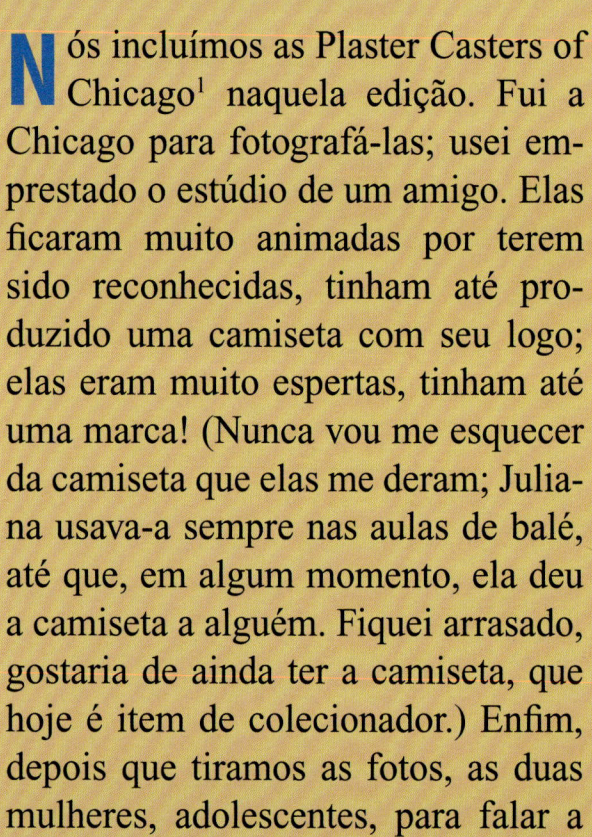

---

1. N.T.: *Plast cast*: molde de gesso. As Plaster Casters de Chicago faziam moldes de gesso dos pênis de ídolos do rock da época.

Sally Mann, São Francisco, 1969.

Outra groupie, Sally Mann, casou-se com Spencer Dryden, do Jefferson Airplane. Ela tinha um vício bastante grave em heroína, e foi presa por tráfico, porte ou algo assim, e jogada na cadeia. Quando estava na prisão, ela começou a estudar direito e foi uma estudante e prisioneira modelo em tal nível que, depois de ser solta, ganhou bolsa integral na Emory University School of Law, em Atlanta. Agora ela é uma advogada de sucesso no Texas. Aqui está ela, uma das groupies mais conhecidas e respeitadas da cena de São Francisco, que depois partiu para uma jornada de vida totalmente diferente. Outras groupies também tiveram problemas com drogas; algumas nunca se recuperaram. As drogas eram uma parte tão intrínseca da cena na época... Durante a entrevista das groupies, ficamos sabendo como elas perseguiam um astro de rock e entravam na cama ou no quarto de hotel dele, ou onde quer que ele estivesse, durante uma turnê. É claro que, para as groupies, isso tinha papel central na caçada, mas o elemento mais importante – e todas elas admitiam isso para nós – era quando elas pegavam o telefone no quarto do hotel, ligavam para as amigas e diziam: "Você não vai adivinhar onde estou". Não era o cara, mas o momento; era ser capaz de falar a respeito e gabar-se sobre ter conseguido uma nova marca em seu cinturão. Para elas, isso quase sempre tinha pouco a ver com os músicos em si, porque, de qualquer modo, eles não ficavam muito tempo no mesmo lugar.

The Grateful Dead

The Grateful Dead pagando fiança, São Francisco, 1967.

Minha primeira pauta para a *Rolling Stone* foi a prisão do Grateful Dead. Os policiais entraram na casa da banda e prenderam vários deles. Naquela hora, nem todos os membros da banda estavam na casa, então a polícia não conseguiu prender todos, mas era o que pretendiam. E aquela prisão foi uma das principais matérias do primeiro número da *Rolling Stone*.

Lembro-me de estar em nosso escritório, que era perto do Departamento de Polícia de São Francisco. Disseram-me para cobrir a história, e minha abordagem foi a de um fotojornalista, o que eu era. A banda teve de pagar fiança para sair da cadeia; eles estavam na calçada com o pagador da fiança e os advogados. Creio que os presos foram Pigpen e Bob Weir, além de alguns outros que também viviam na casa. Eles pagaram a fiança e fizeram a famosa coletiva de imprensa.

Fui com o resto da imprensa de São Francisco. Lembre-se de que naqueles dias as pessoas ainda não tinham certeza do que era a *Rolling Stone*, se nós éramos a *Rolling Stone* ou os Rolling Stones. De fato, demorou muitos meses antes de as pessoas serem capazes de distinguir entre The Rolling Stones, a banda, e *Rolling Stone*, a revista. Aquela foi a primeira vez que fiz uma aparição como membro da *Rolling Stone*, então é claro que ninguém sabia ou se importava com o que eu era, porque ainda não tínhamos nenhum número publicado.

Os Dead fizeram sua grande coletiva de imprensa que aconteceu, apropriadamente, na casa onde eles moravam e onde tinham sido presos. Os membros da banda sentaram em volta de uma mesa, de frente para a imprensa. Junto com os microfones arrumados entre eles, havia uma grande

The Grateful Dead em casa, 710 Asbury, São Francisco, 1967.

Jerry, Pigpen e Bob, 710 Asbury, São Francisco, 1967.

Coletiva de imprensa do Grateful Dead, 710 Asbury, São Francisco, 1967.

tigela de creme batido visível nas fotos e que eles ameaçavam jogar nos repórteres se qualquer um deles fizesse uma pergunta imbecil. Se você ler o primeiro número da *Rolling Stone*, perceberá que a banda estava marcando posição: "Por que vocês estão nos enquadrando? Se enquadrarem todos os que fumam maconha em São Francisco, não terão mais advogados, médicos, nem profissionais de nenhuma área, porque todos fumam". A banda tinha plena certeza disso e eles estavam corretos, é claro.

Depois da coletiva de imprensa, tive de convencer a banda a sair da casa para bater uma foto do grupo. Jann me disse para tirar uma foto deles nos degraus da porta da frente da casa, já que tinha sido lá que haviam sido enquadrados. Todos eles ficaram tão agitados na coletiva de imprensa, eles estavam se divertindo tanto – se olhar para as fotos, eles exibem largos sorrisos. É claro que estavam levando isso a sério, mas do seu próprio jeito Grateful Dead de ser, então, quando finalmente consegui fazer com que saíssem para os degraus, eles estavam como rojões, indo cada um para um lado, em 50 direções diferentes. Eu precisava tirar aquela foto, e eles não sabiam quem eu era, não sabiam o que era a *Rolling Stone* (naquele ponto não existia a *Rolling Stone*), então, foi difícil conseguir que colaborassem.

Lá fora eles não paravam quietos, apontavam suas armas de um jeito e de outro, mostravam-me o dedo médio, ameaçavam me matar. Era tudo muito divertido para eles, mas, naquele momento, eu não estava me divertindo. No fim, consegui uma grande foto. Eu a chamo de "Dead nos Degraus". E assim terminou minha primeira pauta verdadeira para a *Rolling Stone*.

Woodstock

Quando Jim e eu começamos a viajar pelo país no verão de 1969, Woodstock não estava em nossa agenda de festivais, mas quando ficamos sabendo a respeito, é claro que não poderíamos *não* ir. Michael Land tinha produzido um festival um ano antes, em Miami. Tudo o que ele fez foi alugar dois imensos caminhões plataforma, colocar um de trás para o outro e isso era o palco. Os caminhões ficavam em um parque, e ele realizou um show de relativo sucesso; essa era toda a sua experiência com festivais, até Woodstock. Que salto!

Até o fato de ele ter acontecido é uma espécie de milagre. Considere a história de que eles se esqueceram de colocar os guichês de ingresso, e, quando perceberam que não estavam vendendo ingressos, já havia por volta de 100 mil pessoas na frente do palco. Alguém na equipe sugeriu que eles mandassem todos para fora para pegarem seus ingressos, e depois entrariam de novo. Wavy Gravy, ou outra pessoa, respondeu algo como: "Você quer um festival de sucesso ou você quer provocar um desastre? Eles estão dentro e vão continuar dentro".

Eu estava lá quando choveu, mas fiquei abrigado. Você tem de entender que eu sou um bundão. Eu não ficava acordado a noite toda, eu voltava para meu hotel. Eu conseguia chegar ao meu hotel pela estrada de trás, tinha uma boa noite de sono e voltava de manhã. Por que eu ficaria lá fora, na merda do barro, vivendo como um hippie, coisa que eu não era? Nunca fui um hippie, embora tenha morado em Haight-Ashbury.

Existem tantas histórias de Woodstock que é difícil definir a exatidão de cada uma delas. O importante é que eles tinham uma lista de shows muito boa. Para mim, a melhor história foi a do Santana – a história de Carlos estar na coxia, onde ele e Jerry Garcia ficaram chapados antes de seu show. A ideia de se chaparem fora de Jerry. Inicialmente tinham me dito que eles haviam tomado ácido, mas hoje Carlos diz que era mescalina. Talvez tenham tomado os dois, eu não sei quem estava correto; mas Carlos falou sobre estar chapado no palco, sobre olhar para a multidão e ver somente olhos e dentes olhando de volta para ele, então devia ter uns 600mil olhos e uns 300 mil conjuntos de dentes. Ele disse que sua guitarra era como uma serpente de aço em suas mãos, que não parava de se mexer. "Eu seguia a nota, eu conseguia ouvir a nota sair da guitarra, passar pelos fios para dentro do monitor, voltar, sair para a multidão e voltar para mim, e eu estava tipo: 'eu não consigo controlar isso'!" Não sei como ele fez isso, como conseguiu tocar completamente trincado, porque foi uma apresentação ótima, tornou-se o momento em que Santana virou revelação. Até Woodstock, era apenas mais uma banda. Depois de Woodstock, a carreira dele deslanchou e, com o decorrer dos anos, ele se tornou um superastro.

Passei mais tempo fotografando a "experiência" do festival do que os músicos. Eu já tinha fotografado a maioria das bandas antes, por que iria querer fotografá-los de novo? E não precisava de mais fotos de bandas. Mas todas aquelas pessoas... aquilo era algo mais. Eu nunca antes tinha visto nada parecido na minha vida. O único músico que gostaria de ter fotografado, gostaria de ter esperado por ele, foi Jimi Hendrix, mas ele não apareceu até segunda de manhã, e não percebi que seria o que foi. Eu e praticamente todo mundo tínhamos voltado para casa na segunda, também, mas estava no contrato de Jimi que ele tocaria por último; e acontece que o "último" foi na segunda de manhã.

Um garoto chamado Dan Garson tirou algumas fotos fabulosas; ele estava cobrindo o festival para o jornal do colégio dele. Nascera para ser fotojornalista, é o único jeito de descrevê-lo. Hoje, quando olho para as fotos dele, vejo imagens que eu deveria ter tirado; ele fotografava com um olhar novo, não saturado. Capturou momentos verdadeiramente singulares de Woodstock, momentos que refletiam de um modo que eu não percebera antes o que era estar naquele festival; e eu estava me esforçando para conseguir fotos boas. É uma pena ele ter morrido tão jovem.

Torre de luzes, Woodstock Music & Art Fair, Bethel, Nova York, 1969.

Visão do palco, Woodstock Music & Art Fair, Bethel, Nova York, 1969.

Em Woodstock eu estava entre a realeza, era a experiência de acesso total definitiva – nós podíamos ir para todos os lados. Jim, Henry Diltz e eu tínhamos carta branca, nosso grupo podia se movimentar sem restrição. Eu me lembro de ver uma foto de um monte de fotógrafos lá embaixo, em frente ao palco. Jim e eu nos sentíamos como reis da colina; o palco era enorme – imenso – e nós andamos livremente por ele durante três dias. Era como perambular pelo palco da casa de ópera Lincoln Center, era tão grande. Andávamos de um lado para o outro, olhávamos para a multidão e conseguíamos uma vista dela de qualquer perspectiva – pessoas até onde a vista alcançava. Eu estava embasbacado só de olhar para todas aquelas pessoas. Então, fui para o mato, onde as pessoas estavam acampadas em tendas e pequenas cabanas, além de coisas sendo vendidas em pequenas lojas hippies; era ali que toda a venda de drogas estava acontecendo. Todos definem Woodstock pela frase "sexo, drogas e rock 'n' roll." Vi muitas drogas, e vi muito rock 'n' roll, e até vi alguma intimidade, mas não vi ninguém fazendo sexo. Depois de Woodstock, a indústria de música compreendeu as possibilidades econômicas dos megafestivais. Quando eles viram todas aquelas pessoas reunidas para ouvir música, as corporações começaram a salivar cifras de dólares.

Quando eu fotografava os megafestivais, de vez em quando parava os garotos e perguntava: "OK, você não consegue ver os músicos, você está quase do outro lado do campo de futebol. Por que está aqui, mesmo tão longe das bandas? Essa é uma experiência tão distante, tão diferente de estar perto dos músicos e vê-los e viver essa experiência de proximidade".

A resposta sempre foi: "Nós estamos aqui para estar com nosso povo". Existia algo de obviamente satisfatório em fazer parte de uma comunidade. Não quero desmerecer a experiência do show de estádio; por que a música deveria ficar restrita a lugares do tamanho do Fillmore, que tinha, no máximo, uns 2 mil lugares? Manter os shows em lugares pequenos teria sido uma decisão muito elitista. Seja pela razão que fosse, essas experiências musicais animavam as pessoas. Teve o Miami Pop, Monterey Pop, Atlanta Pop – esse grande festival e aquele grande festival – e agora eles estão por toda parte. Os fãs não estão lá apenas pela música, estão lá por toda a vibração. Todos eles dizem que a música é o catalisador para alguma experiência tribal humana maior...

Bill Graham no palco no Woodstock Music & Art Fair, Bethel, Nova York, 1969.

"Eat & Toke" ["Comendo e dando um pega"], Woodstock Music & Art Fair, Bethel, Nova York, 1969.

Na foto acima está Bill Graham, sentado no palco, tocando um sino de vaca [espécie de agogô], com Santana e a multidão atrás dele. Tirei a foto do Bill e ele me disse para sentar: "Vou tirar uma foto de você." Sentei e ele não só pegou um grande momento da minha carreira como captou o instante em que Santana se posicionava perfeitamente entre os microfones, os amplificadores, os monitores e eu.

A foto à direita, chamo de "comendo e dando um pega" porque, à direita, eles estão alimentando o corpo e, à esquerda, estão alimentando a cabeça. Anos mais tarde, o cara que estava dando um pega viu essa foto em meu livro *Classic Rock and other Rollers* e me contatou para comprar uma cópia.

Esta foto da cerca sendo derrubada não é o momento exato em que o festival ficou de graça, mas é uma das razões pelas quais acabaram tornando-o de graça – muitas pessoas que queriam ir a Woodstock não conseguiram entradas, mas decidiram aparecer assim mesmo. Tinha uma cerca de tela temporária, colocada em volta da área do festival, e não era difícil derrubá-la; e quanto mais isso acontecia, mais os promotores percebiam que não conseguiriam manter os fãs do lado de fora. A segurança era feita pela Hog Farm, que era, fundamentalmente, uma organização pacifista. "Ei, não faça isso, não é legal. Não quebre a cerca, cara; a cerca está aí por um motivo." "Foda-se, nós vamos entrar." Foi uma decisão acertada os promotores tornarem o festival grátis, o que é uma das grandes razões de Woodstock ser lembrado como o lendário evento da Era de Aquário.

Eu chegara lá na sexta-feira. Jim e eu vínhamos de outros festivais. Se eu soubesse como seria em Woodstock, teria chegado lá uma semana antes, como fizera Henry (Diltz), e tirado fotos da transformação da fazenda de gado de Max Yasgur.

Arrancando a cerca, Woodstock Music & Art Fair, Bethel, Nova York, 1969.

Helicóptero MEDEVAC da Guarda Nacional, Woodstock Music & Art Fair, Bethel, Nova York, 1969.

O simbolismo das vacas nesta foto é que a fazenda de Yasgur era uma fazenda de gado leiteiro, uma das inúmeras nas vizinhanças do local do festival. Acontece que as vacas da região pararam de dar leite por quase um mês depois do festival porque ficaram muito perturbadas, não só por causa da música, mas por toda a interrupção da rotina delas. Alguns dos fazendeiros de leite processaram o festival por perda de receita.

Em uma das fotos da multidão, tem um cara totalmente pelado, pendurado na torre de luz; você pode ver o pênis dele, o pelo púbico, tudo.

Fazenda de leite de Yasgur, Woodstock Music & Art Fair, Bethel, NY, 1969.

Depois de Woodstock, o editor de foto da *Encyclopedia Britannica* ligou para mim. A *Encyclopedia* queria usar uma de minhas fotos para ilustrar seu verbete sobre Woodstock, então eu enviei algumas fotos a eles. Nos dias anteriores à remessa digital, nós enviávamos fotos físicas. Eles publicaram a foto da multidão com o cara pelado (p.123). Quando mandaram a foto de volta, tinham desenhado uma cueca com *airbrush* nele!

Carlos Santana, Day on The Green, Oakland Coliseum, Califórnia, 1977.

A foto do helicóptero da Guarda Nacional é importante para mim, porque era 1969 e a Guerra do Vietnã ainda estava furiosa; existia um estresse constante e antipatia entre a contracultura e os militares. "Não vou lutar nessa guerra, vou para o Canadá; é uma guerra ruim." "Você é um hippie sem amor à pátria." Era o que eles diziam. Mas aqui estão os militares odiados e as pessoas desprezadas da contracultura trabalhando juntos em Woodstock, que é como deveria ser sempre, porque somos todos americanos.

Lang tinha contratado um monte de policiais de folga para fazer a segurança, mas, aparentemente, foram repreendidos pelo departamento de polícia de Nova York por se juntar à festa e não se esforçarem muito para manter a paz. Talvez isso tenha sido bom. Lang também tinha feito um acordo com a Polícia Rodoviária Estadual de Nova York para ajudar a controlar o tráfego, mas no fim eles também não fizeram muito para ajudar, o que é uma das razões de terem acontecido aqueles congestionamentos horríveis. Os oficiais supostamente deveriam dirigir os carros para o estacionamento designado, e, por não terem feito isso, tudo se tornou um desastre.

Angus Young, AC/DC, Day On The Green, Oakland Coliseum, Califórnia, 1977.

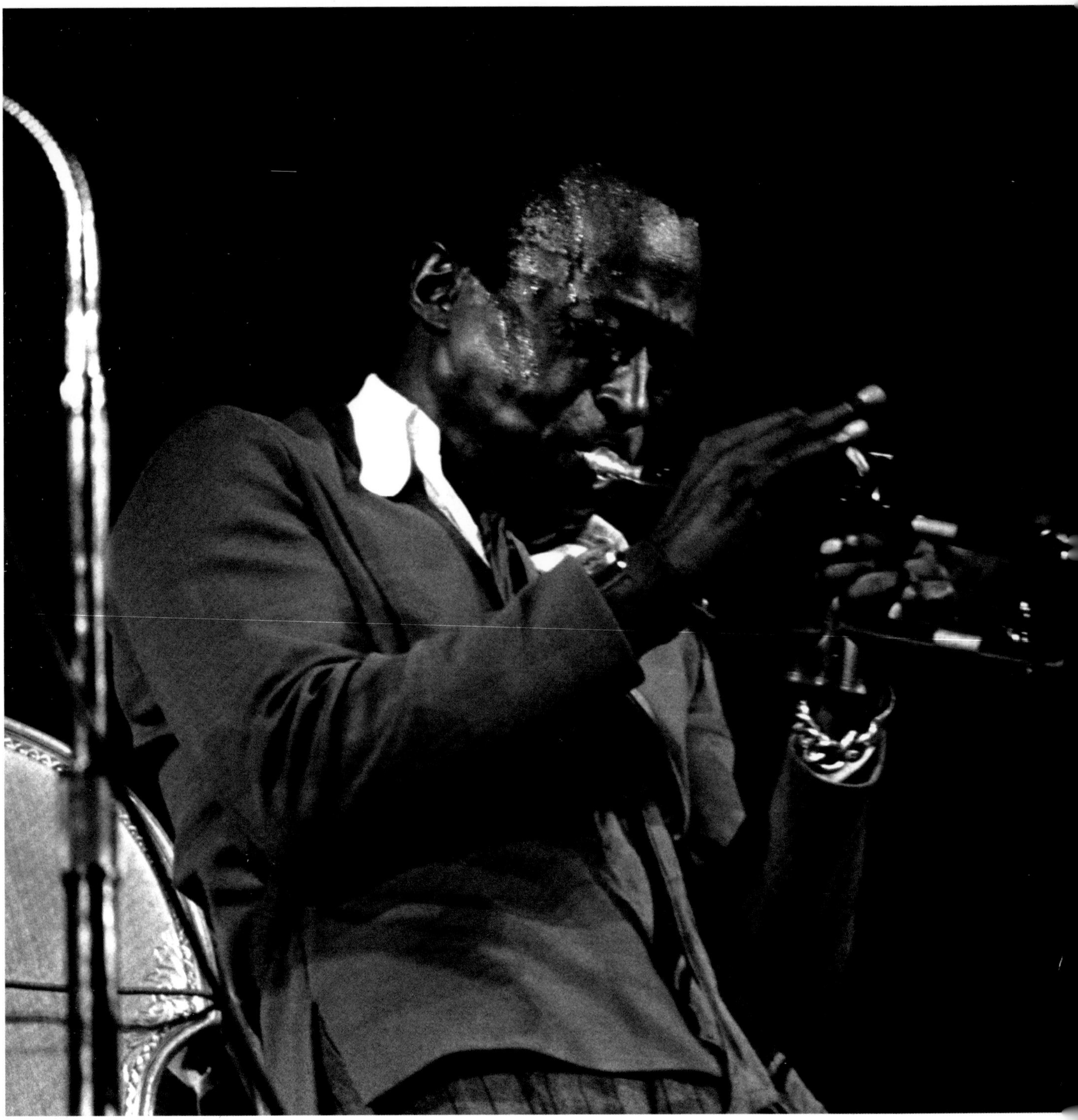

Miles Davis, Monterey Jazz Festival, Califórnia, 1969.

Miles Davis

"Ouça minha música com atenção: toco como boxeio. Você pode 'ouvir' os murros, as fintas, os cruzados e socos no queixo. Você pode imaginar que estou lutando boxe quando estou tocando."

Rod Stewart, com o Jeff Beck Group, São Francisco, 1968.

Rod Stewart parece estar olhando com desejo para Margaret (do outro lado) tirando a roupa. Talentoso e prolífico, Stewart, é claro, vai além do olhar. Em agosto de 2010, ele e sua atual esposa, Penny Lancaster, anunciaram a vinda iminente do sétimo filho de Stewart.

Margaret, "It's All About The Next Moment" ["Tudo Tem a Ver com o Momento Seguinte"], São Francisco, 1973.

Em São Francisco, onde a conheci, Margaret era uma musa e amiga de muitos. Tocando no poder emocional da fantasia, em que uma foto engaja a mente do observador e leva a realidade para o próximo nível, ela intitulou essa foto de: "Tudo Tem a Ver com o Momento Seguinte".

Syd Barret, Pink Floyd, Sausalito, Califórnia, 1967.

Fotografei a primeira visita do Pink Floyd aos Estados Unidos. Eles tocaram no Fillmore, para Bill Graham, mas não fui ao show; é embaraçoso. Fazendo outra retrospectiva, tudo fica muito claro: as fotos que não tirei, as mulheres com quem não dormi. A retrospectiva é tão branda e tão cruel. Adoro esta foto de Syd. Ele estava brincando na mesa em que sentávamos na varanda do hotel deles, tomando café. Na mesa, havia um pequeno pote com cubos de açúcar para o café. Não sei se foi ideia dele colocar os cubos na boca ou se um dos seus colegas disse: "Coloque os cubos de açúcar na boca, Syd, mostre para eles como é isso". Um dos modos populares de começar uma viagem de LSD era chupar um cubo de açúcar embebido com ácido de primeira linha, e Syd era um devoto. É triste a forma como isso acabou para Syd; ele parece tão divertido e cheio de vida aqui.

Pink Floyd, Casa Madrona Hotel, Sausalito, California, 1967.

Jorma Kaukonen, Waplly Heider Studios, São Francisco, 1969.

Sob muitos aspectos, o estúdio de gravação de música é um território sagrado, onde poucos não músicos têm permissão para entrar. É onde as partes finais de uma música individual, ou todo um álbum, são colocadas juntas e preparadas para ser lançadas para os fãs. Ocasionalmente, também, ele é palco de batalhas ardorosas entre produtores e/ou membros de bandas, quando cada um puxa para sua visão de como o produto final deve soar. Há estúdios de gravação com vários tamanhos e formas, alguns são simples como a garagem de um dos membros da banda, enquanto outros são tão elegantes quanto um palco de som de cinema; cada um tem seu tamanho, forma e design singulares. Aqui no estúdio de Wally Heider, na Hyde Street de São Francisco, Jorma Kaukonen, do Jefferson Airplane, trabalha no álbum *Volunteers* da banda.

Neil Young, Los Angeles, 1969.

Em junho de 1969, fui a um estúdio de gravação em La Cinega Boulevard, em Hollywood. Tudo de que me lembro foi ter recebido uma pauta da *Rolling Stone*, para tirar algumas fotos de Neil Young naquele estúdio, mas não me lembro qual matéria estávamos fazendo sobre ele na época. Por odiar o flash, fui negligente ao não levar nenhum tipo de luz; o estúdio era surpreendentemente escuro e eu não tinha luzes, então acabei tirando apenas um rolo de filme, com uma velocidade muito lenta e com as lentes totalmente abertas. O resultado foi apenas adequado, mas Neil foi muito colaborativo e deu-me a liberdade e o privilégio de fotografar enquanto ele mexia na mesa de mixagem.

Steven Tyler, Aerosmith, Day On The Green, Oakland Coliseum, Califórnia, 1978.

Bootsy Collins, Bootsy Rubber Band, Day On The Green,
Oakland Coliseum, Califórnia, 1978.

Por Graham ter me dado acesso a todos os shows do Day On The Green, reuni uma coleção significativa de imagens, pelo menos para mim. Eu fotografava no palco e a partir do palco, de trás do palco, do alto da arquibancada do Coliseum, olhando para o palco. Registrei algumas das performances mais importantes, de AC/DC a Fleetwood Mac, dos Rolling Stones a Santana, até de Dolly Parton. Bootsy Collins tocou uma vez, e o cara era fotogênico: como você poderia não fotografá-lo bem? Para um fotógrafo tirar fotos emocionantes, deve ser capaz de fotografar um músico que não apenas toque boa música, mas que saiba como estar presente no palco. Você consegue grandes fotos de performance se eles sabem como se movimentar, ou se ele estão vestidos, bem, de forma esquisita. Não sei como você chama a roupa que Bootsy estava usando, mas com certeza era bem colorida e ele estava fantástico. Sempre vou acreditar que o gesto de Tyler foi um de verdadeira afeição direcionada a mim...

T-Bone Walker, Ann Arbor Blues Festival, Michigan, 1969.

Sonny Rollins estava em um lamento tocando no Greek Theatre, local ao ar livre no campus da Universidade da Califórnia, em Berkeley. Veja a sombra de Rollins, atrás da estante do microfone. Adoro a escala desta foto.

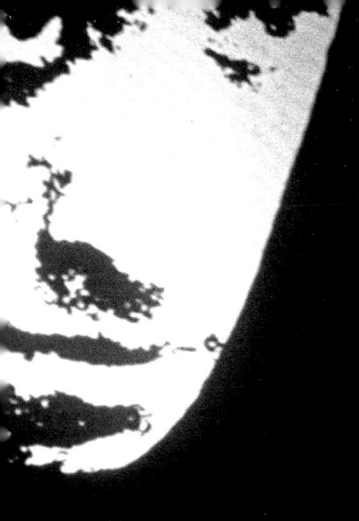

Sonny Rollins, Greek Theatre of California, Berkeley, California, 1969.

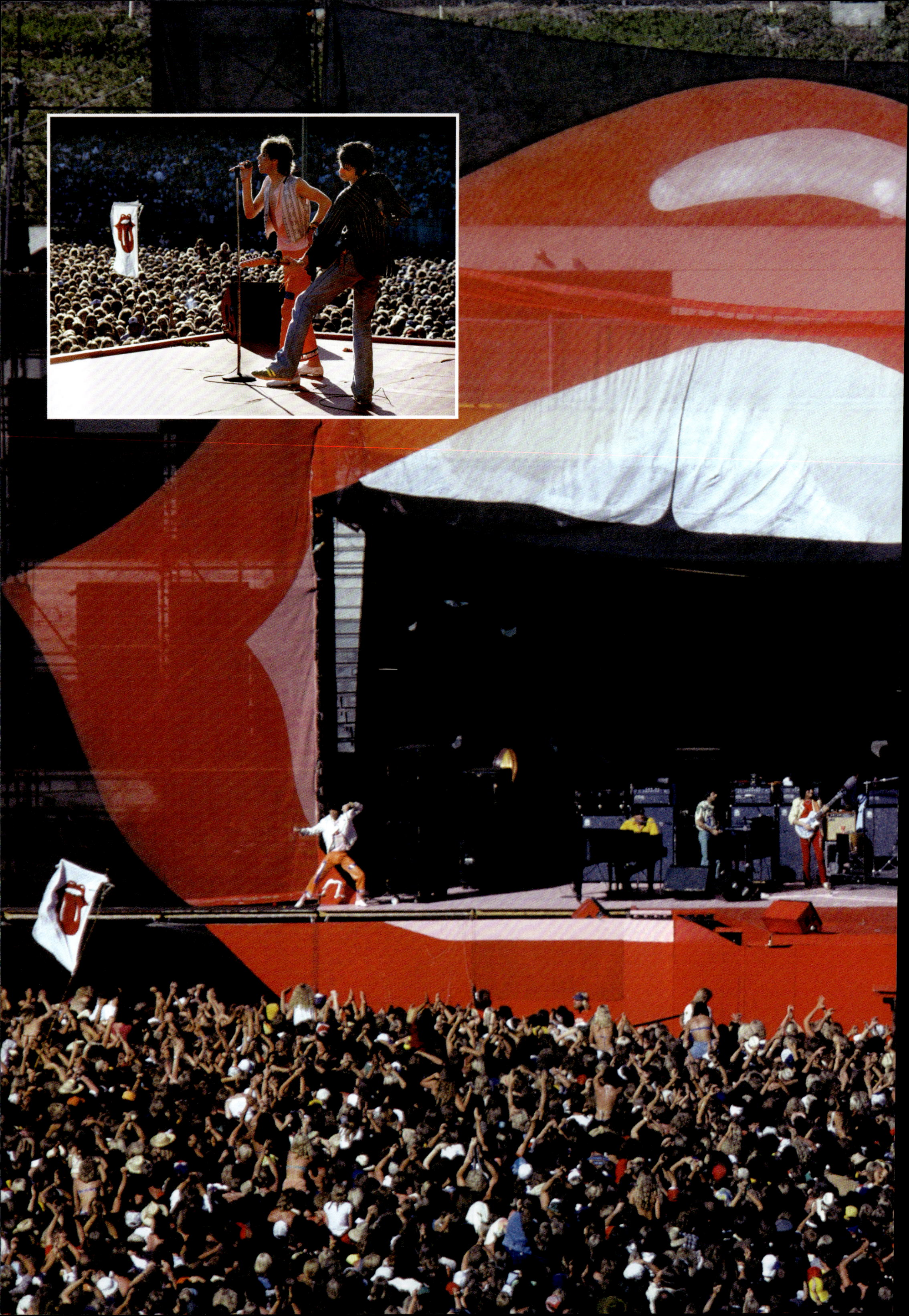

Considerei uma dádiva de Bill e dos Rolling Stones me permitirem ficar no palco para fotografar o show de julho de 1978. Foi a primeira vez que estive em um palco com os Stones e tentei tirar o máximo daquilo. As fotos que você tira no palco são muito diferentes das tiradas da frente. Em Oakland, a luz do sol sempre vinha da frente do palco, então você podia fazer algumas imagens maravilhosas em contraluz, como a bandeira dos Stones iluminada por trás. No palco, era possível incluir detalhes, que ficavam um tanto obscurecidos a partir da multidão. As listras paralelas nos tênis adidas clássicos que Keith Richards estava usando, por exemplo.

Os lábios enormes, que criavam o cenário do palco na apresentação de julho de 1978 haviam sido, supostamente, um presente de Bill para os Stones, para Jagger em especial. Mick nascera em 26 de julho, na data do show. Para a gravação, esta foi a sequência do dia: Peter Tosh, Eddie Money, Santana e The Rolling Stones. Preço do ingresso: 12,50 dólares!!!

Visão da plateia. The Rolling Stones, Day On The Green, Oakland Coliseum, Califórnia, 1978.

Levon Helm e Rick Danko, The Band, Winterland, São Francisco, 19[...]

Quando fotografei The Band em atuação no grande palco do Winterland, era praticamente impossível pegar o grupo inteiro em apenas uma foto. Tentei de vários ângulos, mas de algum modo os cinco nunca estavam arranjados de forma que eu pudesse colocá-los, todos ao mesmo tempo, em uma boa foto. No fim, simplesmente os fotografei individualmente ou dois juntos. Nas apresentações em espaços grandes, as fotos ao vivo lançavam desafios consideráveis, o que era bem diferente de fotografar em clubes pequenos.

Robbie Robertson, The Band, Winterland, São Francisco, 1969.

Grace Slick, São Francisco, 1968.

Para o número da *Eye* que incluiu uma matéria sobre Janis e Grace, pedi a esta para posar para mim com sua roupa de Bandeirante. Naquela sessão, consegui uma especialmente perfeita, uma foto muito boa que, anos mais tarde, quando ela começou a pintar, usou como base para uma de suas telas e também para o logo de seu website.

Janis Joplin, Estúdio Belvedere Street, São Francisco, 1968.

A *Eye* também precisava de uma foto colorida de Janis cantando, para colocar na mesma matéria. Como eu não tinha fotos a cores dela, liguei para saber se ela tinha algum show agendado, para eu poder fotografá-la a cores, cantando. Infelizmente – ou felizmente, como se revelou – ela não tinha, então sugeri que ela viesse ao estúdio, em casa. Eu disse que iria arranjar a luz como se ela estivesse no palco, e pedi para ela trazer o microfone, para podermos simular uma atuação verdadeira. Eu disse-lhe que ela poderia sincronizar com os lábios e não precisaria cantar de verdade. Para criar o ambiente correto, ela também trouxe um pequeno gravador com uma fita do Big Brother.

Ela queria acompanhamento. Liguei as luzes e, como eu havia sugerido, ela começou a fazer sincronia de lábios – mais ou menos por 30 segundos –, e começou a cantar realmente – muito baixo – por uns três minutos. Mas Janis, sendo Janis, passou a cantar a plenos pulmões alguns minutos mais tarde, literalmente atuando, como se ela estivesse mesmo no palco. Não sei o que acontece na cabeça de um artista, ou eles atuam ou, talvez, não atuem. Mas, se bem me recordo, Janis não conseguia "não" atuar, então, por uma hora, ela me deu o presente de uma performance ao vivo de Janis. Chamo isso de "O Concerto para Um". Eu estava tirando fotos, enquanto ela cantava para mim. No fim da sessão de fotos, Juliana voltou do ensaio de balé e, pelo fato de o estúdio ser em cima, ela ouviu a música, mas não conseguiu perceber que não era gravação. Então subiu, deu uma espiada e viu que Janis estava cantando e eu estava fotografando. Ela desceu a Haight Street, trouxe uma rosa vermelha, então correu de volta para casa e presenteou Janis com a rosa.

Chuck Berry, The Northern California Folk-Rock Festival, San Jose, Califórnia, 1969.

No início de 1969, Jim Marshall e eu assinamos um contrato para produzir fotos para um livro chamado *Festival! The Book of American Music Celebration*. Jerry Hopkins reuniu-se conosco para fazer o texto. Quando Jerry escreveu em sua introdução: "O que podia ser feito ao ar livre, sob o céu e as árvores – em grupos – e fosse capaz de fornecer ao homem um escoadouro de alegria do qual ele parecia gostar e talvez precisasse tanto?". Em 1969, a resposta se tornou tão evidente que relatos do novo fenômeno, com frequência, colocavam de escanteio as notícias sobre a Guerra do Vietnã. A "resposta" eram os festivais de música. A palavra latina para celebração é *festum*, significando "banquete". E foi o que se tornaram os festivais contemporâneos de música – um banquete para todos os sentidos, da visão, da audição, do paladar, olfato e toque. Foi para gravar esse júbilo que Jim e eu saímos naquele verão, para visitar uma mistura eclética de festivais americanos de música, do country e western ao blues e folk, bluegrass, jazz, rock e pop. Nós tínhamos nossas Nikon e Leica, e nossos passes de acesso total. Estávamos fazendo o que gostávamos: fotos

Muddy Waters, Ann Arbor Blues Festival, Michigan, 1969.

honestas, de eventos verdadeiramente memoráveis. Em alguns dos festivais, trabalhamos juntos; em outros, sozinhos. Nós perambulávamos pela plateia e ficávamos por ali, nas coxias com os músicos. Tivemos liberdade completa para tirar fotos de qualquer ponto vantajoso e de qualquer fotografado. Foi um projeto de sonhos. Quando saímos pela primeira vez em nossa expedição pelos festivais, Woodstock não estava em nosso itinerário. Em algum ponto na estrada, ficamos sabendo que tinha sido planejado para Sullivan County, Nova York, e mais tarde deslocado para Bethel, onde o Woodstock Music & Fair Festival acabou acontecendo. Enquanto Jim se concentrou nos músicos, voltei minha câmera para a multidão. A matéria da revista *Time* sobre Woodstock sugeriu, de forma presciente, que o festival Woodstock "pode muito bem ser considerado um dos eventos políticos e sociológicos significativos da era". E foi o que ele se tornou.

Altamont Free Concert, Altamont Speedway, Livermore, California, 1969.

O desastre de Altamont acabou com o sonho que começara com Woodstock. O que era luminoso e cheio de alegria em Bethel, Nova York, ficou sombrio e agourento na fronteira do Vale de São Joaquim, a meio caminho entre Livermore e Tracy, na Califórnia. Eu olhava do palco para a plateia em Woodstock para ver rostos calmos, abertos e expectantes. Olhei da colina em Altamont para uma cena sombria e cinzenta, parecendo um campo de guerra, com as hordas descendo para o campo de batalha. Até os dias atuais, as lembranças de Woodstock são felizes. Hoje em dia, poucas pessoas se lembram de Altamont; as que se recordam, lembram-se de uma multidão agitada e progressivamente violenta. Nas palavras de um comentarista: "Alimentados por LSD e anfetaminas, a multidão havia se tornado antagonista e imprevisível, atacando uns aos outros, os Angels e os artistas". Paz, amor e música não estavam em lugar algum.

Flower Children, Presidio, São Francisco, 1970.

Timothy Leary viajando no escritório de Jann da *Rolling Stone*, São Francisco, 1969.

Lotti Golden, Nova York, 19

Ahmet Ertegun, Nova York, 1969.

Ahmet Ertegun e Jann eram amigos. Depois de a *Rolling Stone* se mudar para Nova York, Jann tinha mais tempo para conviver com os executivos de música que ele admirava, aqueles que o ajudaram a construir sua revista de sucesso. Ahmet fazia uma turnê regular pelos clubes de Nova York em busca de novos talentos musicais e Jann muitas vezes ia junto. Uma vez, tarde da noite, quando eu estava em Nova York para fazer uma pauta, Jann e eu fomos dar um giro pelos clubes com Ahmet. Nós íamos a um clube, sentávamos lá por um tempo e Ahmet decidia se estava ou não interessado na banda. Ele tinha um ouvido bom, fazia um julgamento muito rápido. Seguimos assim até o fim da noite; saíamos de um clube, entrávamos de volta na limusine que estava esperando e íamos ao próximo. Por alguma razão – de algum modo eu me lembro de Jann ter se envolvido por algum tempo na carreira dela – Ahmet contratou uma cantora chamada Lotti Golden. Lotti compunha canções e cantava bem – além de ser bastante fotogênica! É uma pena que seu disco não tenha feito muito sucesso.

Johnny Winter, Memphis Blues Festival, Tennessee, 1969.

Esta imagem de Johnny Winter foi feita no Blues Memphis Festival quando Jim (Marshall) e eu estávamos em turnê. Não estávamos sempre juntos no mesmo festival; entre os dois, cobríamos todos os shows, algumas vezes sozinhos, algumas vezes juntos. Memphis foi um festival que nós dois cobrimos. Johnny era outro exemplo de músico fácil de fotografar, se não por outra razão, pelo menos pelo seu cabelo branco brilhante e pele branca pálida. Ele tinha uma aparência "inesperada", principalmente para um guitarrista de blues, e tudo o que é inesperado, fora do comum, em geral permite criar imagens maravilhosas. Johnny Winter não se movimentava com elegância e graça peculiares, muitas vezes atribuídas aos guitarristas. Alguns guitarristas são como bailarinos quando tocam e se movem – tudo funciona junto e em harmonia visual. Outros, ou ficam parados tranquilos, concentrados no dedilhado, ou fazem como Winter, mexem-se de um jeito meio incongruente. Aqui Johnny Winter sacudiu-se e então ficou empinado, parecendo gritar de dor (ou êxtase).

Bukka White, Memphis Blues Festival, Tennessee, 1969.

Coxia com Creedence Clearwater Revival, Oakland Coliseum Arena, Califórnia, 1970

Em 31 de janeiro de 1970, ao meio-dia, os quatro membros do Creedence Clearwater Revival chegaram na Belvedere Street, em uma limusine negra, para ser fotografados no estúdio do andar de cima, em minha casa em Haight-Ashbury. A sessão de fotos era para uma matéria principal da *Rolling Stone*; uma das fotos, no fim, acabou indo para a capa do número 52.

Mais tarde, no mesmo dia, o CCR tocou em um concerto no Oakland Coliseum Arena, no mesmo palco onde eu havia fotografado os Stones pela primeira vez, apenas dois meses antes. Jim Marshall e eu chegamos mais cedo – Jim sempre chegou cedo em qualquer lugar. Como de costume, ambos tínhamos permissões de acesso para irmos aonde quiséssemos; no início da década

John Fogerty, CCR, Oakland Coliseum Arena, Califórnia, 1970.

de 1970, as bandas ainda confiavam em nós. Ficávamos na coxia com os grupos, enquanto eles afinavam suas guitarras e mentes, então seguíamos com eles para o palco, para a performance. Peguei uma grande foto do Jim com a câmera, antes de a banda começar a tocar, e perambulei pelo palco enquanto o Credence continuou tocando suas músicas para uma multidão encantada.

Depois do fracasso de Altamont no mês anterior, fiquei surpreso ao não ver um "fosso" de segurança entre os fãs e o palco, mas essa era claramente uma turma de outro tipo: jovem e afetiva. Em uma de minhas fotos favoritas do show, John Fogerty, com os braços levantados como um padre se dirigindo a seu rebanho, parece um músico evangélico.

James Taylor, Newport Folk Festival, Rhode Island, 1969.

Esta foto de um James Taylor, aos 21 anos, foi tirada no verão de 1969, no Newport Folk Festival, durante o tour de promoção do livro *Festival*. Gosto particularmente desta foto pela intensidade dos olhos dele; tem algo no olhar dele que vai além do normal, mas talvez eu esteja vendo demais. Foi uma lista de convidados fantástica a do Newport daquele ano: Van Morrison, James Taylor, os Everly Brothers, Joni Mitchell, Big Mama Thornton, Pete Seeger, Judy Collins – a lista era longa, uma mistura fabulosa de verdadeiros músicos *folkies* e *bluesmen*. Foi em Newport, em 1965, que Bob Dylan usou guitarra elétrica pela primeira vez: dizem que a audiência vaiou, embora exista certa dúvida acerca da verdadeira reação do público.

Willie Mae "Big Mama" Thornton, São Francisco, 1968.

Willie Mae "Big Mama" Thornton cantou no Newport Folk Festival, uma das paradas de nossa turnê *Festival de 1969*. Janis sempre deu muito crédito para Big Mama, explicou como se inspirara enormemente nela, tendo ouvido muito de sua música. A canção de Big Mama "Ball and Chain" tornou-se um clássico de Janis.

Uma noite no Newport, Jim e eu estávamos ambos tirando fotos em um palco ao ar livre. Estava muito clara, com uma lua cheia brilhante sobre nós, uma perfeita noite de verão, uma noite que nunca esquecerei. Olhei para cima e disse: "Jim, pense a respeito. Esses filhos da mãe estão andando na lua nesse instante, enquanto estamos tirando fotos desse show". Era 20 de julho de 1969 e Neil Armstrong estava lá no céu falando, sobre "um pequeno passo para o homem...", Se você tivesse perguntado para Jim, ele teria contado como o tempo, de repente, parou para nós, e que momento maravilhoso foi aquele.

Keith Moon e Pete Townshend, The Who
Londres, 1968

Embora o energético (para colocar de forma amena) baterista do The Who, Keith Moon, tenha morrido cerca de 10 anos depois de eu ter tirado essa foto, sempre imaginei que a foto refletisse uma premonição de sua morte prematura. Não que ele não tenha ajudado no processo – seu comportamento era conhecido amplamente como "instável" e em geral autodestrutivo. Ou será que aqui ele estava pensado na letra que compusera para a música do The Who "I Need You"? "Por favor, fale de novo comigo, eu preciso de você."

Pete Townshend, The Who, São Francisco, 1967.

Todo fotógrafo tem uma série de fotos que considera "icônica", momentos captados no tempo que, de alguma maneira, comunicam uma emoção. Esta foto de Pete Townshend é um exemplo de um dos meus momentos, assim como são as de Jimi Hendrix, Jerry Garcia, Frank Zappa, Johnny Cash, Mick Jagger e apenas alguns outros.

A atual (e para mim inaceitável, no mínimo) dificuldade em que são colocados os fotógrafos de shows é uma regra odiosa, ditada pelos empresários: "Você tira duas, talvez três músicas, e pronto". Como alguém que tem respeito pelos músicos, pela plateia e a profissão de fotógrafo, fico ofendido com a regra. Que diferença possível faz para a experiência do concerto de qualquer pessoa se profissionais estão tirando fotos (com muito respeito pelos músicos e a audiência)? A quem isso afeta? Minha teoria pessoal sobre a origem da "regra das duas músicas" é que ela começou com Joan Baez.

Joanie tocava acústico a maior parte do tempo, acompanhando sua

Joan Baez, Big Sur Folk Festival, Esalem, Big Sur, Califórnia, 1969.

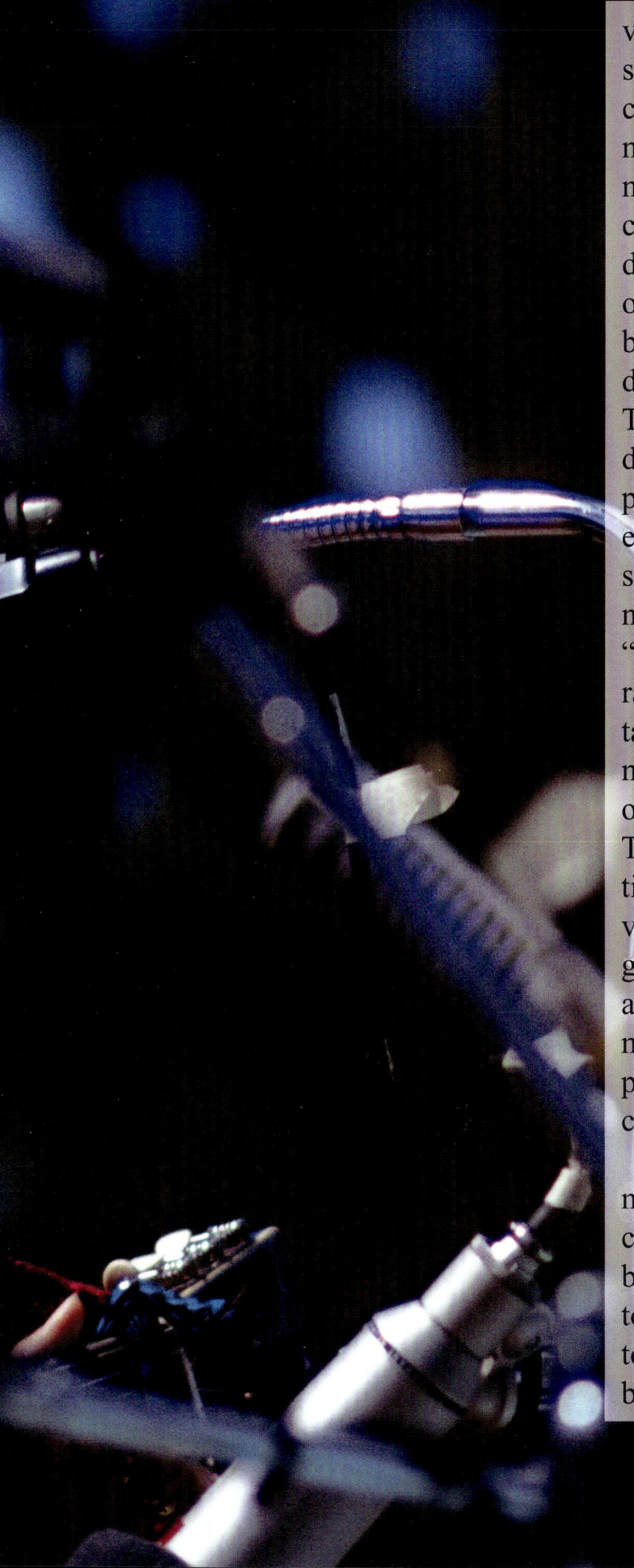

voz adorável e serena; ela cantava solo, mas não muito alto. Um concerto de Joan Baez era silencioso, muito parecido com uma performance de música clássica. Ela começava a cantar com calma e lindamente e, logo em seguida, você ouvia "click, click, click, click", botões sendo clicados, espelhos de câmera para cima e para baixo. Todos na audiência ouviam o ruído e olhavam em volta, como você poderia não olhar? Em um show, em especial, em Madison, Wisconsin, lembro-me de que Joan parou no meio de uma música e disse: "Tudo bem, para tudo, vamos parar um pouco. Gosto de vocês estarem aqui e desejarem registrar o momento e tirar fotos minhas, mas ouçam o ruído que estão fazendo. Tem pessoas aqui que não querem tirar fotos, que estão aqui para ouvir a música. Então vou dizer o seguinte a vocês, vocês podem tirar as fotos que quiserem durante duas músicas; tirem à vontade, mas depois disso não quero ouvir mais as câmeras. Por favor".

As fotos das primeiras duas músicas, mesmo se forem tecnicamente e com uma composição brilhante, não são a mesma coisa; todos estão tirando as mesmas fotos. Qual é a vantagem? Quem se beneficia?

Bob Dylan, turnê do *Slow Train Coming*, São Francisco, 1979.

Frank Zappa em casa em Laurel Canyon,
Los Angeles, 1968.

Grace Slick, São Francisco, 1968.

Grace Slick tinha um senso de humor irônico, excêntrico e afiado. Só o modo como ela usava a roupa de bandeirante dizia algo sobre sua atitude, tanto em relação à organização como em relação às armadilhas do mundo-de-garotas-certinhas, de onde ela viera. Grace é uma mulher adorável e talentosa e, aos meus olhos, nos anos de 1960, era incrivelmente bonita. O rosto perfeito de mulher dos anos de 1960 era o dela – traços perfeitos, maquiagem de olhos perfeita, batom perfeito; além do mais, ela era inteligente e uma cantora extremamente talentosa. Quando olhei pelas lentes aqueles lábios líquidos, quis entrar em contato e beijá-la. Mas eu era casado e mantive meu desejo sob controle. O filme *Blow-Up* e a experiência direta me ensinaram muito sobre mulheres e fotografia, pavimentando o caminho para muitas experiências de estúdio memoráveis. Diferentemente do assassinato e do conversível Bentley vistos no filme, aqueles foram meus tempos também: rock, moda, jovens adoráveis, e fotojornalismo impetuoso nas ruas. Era uma vida maravilhosa...

Vicky e Marlene, "Estamos com a Banda", São Francisco, 1969.

Periodicamente, as bandas vinham ao meu estúdio para ser fotografadas. Uma banda em especial chegou com umas jovens especialmente bonitas (que dúvida!) a reboque. Fotografei os músicos e, quando tínhamos acabado, os caras pediram às garotas para ficarem nuas, para que eu pudesse fotografá-las todas juntas. Duas das mulheres também posaram juntas para mim; uma das fotos ficou ótima, mais que ótima, e no dia seguinte levei uma cópia para a *Rolling Stone*. Todos no escritório também adoraram a foto e ela foi publicada na edição seguinte, na página de créditos do editor. Aquele espaço em especial era reservado para uma foto única, horizontal, algumas vezes até sem legenda – apenas uma excelente foto que falasse por si. Adorei Jann ter tido a audácia e confiança de publicar até fotos de nus, sem outra razão além de serem imagens de primeira linha.

Tom Morello, Audioslave, Warfield Theatre, São Francisco, 2003.

Keith Richard, Oakland Coliseum, Califórnia, 1978.

Pete Townshend, The Who, Londres, 1968.

**Rock, moda,
jovens adoráveis
e fotojornalismo impetuoso nas ruas.**

Que vida maravilhosa...

Quando Tudo Era Possível

Todo grande fotógrafo com quem trabalhei possui algo em comum, quando se trata de falar de seu trabalho. Eles sentem que não são bons o suficiente, nem volumosos o suficiente. Não é um estratagema para conseguir cumprimentos reconfortantes, mas uma frustração sincera e humilde, rememorando oportunidades que sentem ter perdido e o desejo por melhores resultados. Pioneiros na fotografia de música como Barry Feinstein, Jim Marshall, Bob Whitaker e até o realmente prolífico David Gahr reconhecem não mais que uma parcela de suas imagens, que eles chamariam de "ótimas".

Baron Wolman, também um pioneiro no campo do jornalismo de música, diz a mesma coisa, mas às vezes com mais intensidade, em parte porque seu arquivo de música cobre uma janela menor e mais específica no tempo do que muitos de seus contemporâneos, e menos do que ele, em retrospecto, gostaria. Quando olhamos seus arquivos, é claro que se trata de uma coleção importante, por muitas razões. O volume, embora mais amplo do que o sugerido, não é uma questão importante quando você percebe que o que Baron captou é mais importante do que qualquer coisa que ele tenha perdido, e, como acontece com a maioria dos fotógrafos profissionais, as escolhas exigidas pela época que ele cobriu deixaram de fora muitas outras possíveis fotos.

Baron não apenas testemunhou o que foi, sem sombra de dúvida, o período mais importante de mudanças na música e cultura popular, como sua fotografia ajudou a dar forma a essa mudança. Em 1967, era claro que o rock 'n' roll estava, de fato, "aqui para ficar", e que a primeira leva de adolescentes a sentir sua influência galgara posições de poder e influência. A revista *Rolling Stone* encapsulou e filtrou os acontecimentos mais importantes e mudanças no momento em que aconteciam. Cada número falava a essa cultura jovem em evolução, em uma linguagem que era a deles, e as fotos de Baron captaram os acontecimentos e personalidades, e visualizaram a música.

Os fãs podiam ver os músicos que ouviam, de formas que normalmente não teriam oportunidade de ver: desarmados, honestos, confiantes e às vezes... como iguais. Os leitores de *Rolling Stone* podiam ver os artistas que conheciam e amavam e, também, ser expostos a novos talentos, dos quais não tinham ouvido falar. Eles copiariam os figurinos, adotariam as poses, ou simplesmente admirariam e aprenderiam o máximo possível sobre seus ídolos.

O estilo informal – mas não simplório – de Baron realçava as personas e, ao mesmo tempo, puxava as cortinas, para revelar a realidade de seus fotografados. Jimi Hendrix parecendo fora de controle, quando tocava, um sorriso doce e introspectivo, na tranquilidade de seu quarto; The Who fazendo gracejos no estúdio, enquanto gravavam o épico *Tommy*, destruindo guitarras e soltando bombas em seus concertos; o olhar perturbado de Johnny Cash em seu camarim, o *showman* perfeito de country no palco; Janis cantando um solo singular em seu quarto, ou divertindo-se ao jogar sinuca, e por aí vai. Hoje em dia, esses insights são o esperado, sem exceção, em um palco controlado pela mídia capaz de entender os artistas e seus conselheiros, mas, na época, tudo isso era novo, excitante e incrivelmente influente.

Outra coisa também bastante importante, e muitas vezes negligenciada, é a forma como a fotografia de Baron abriu as portas para incontáveis pessoas que, inspiradas por suas fotografias, decidiram pegar uma câmera e elas mesmas fotografarem os músicos. Ele foi o primeiro de uma longa linhagem de fotógrafos aclamados a fotografar para a *Rolling Stone* ou cobrir a cena de música como agora esperamos vê-la, cada um desenvolvendo seu próprio estilo a partir do que haviam aprendido com seus predecessores. No mundo da fotografia pré-digital, cada fotograma contava. O processamento e a impressão dos filmes consumia tempo e era caro, com pressões de prazo. A experiência de Baron como fotógrafo trouxe excelência técnica e conhecimento de luz, composição e ritmo, percepção instintiva do que cada foto precisava.

O rock tornou-se aceitável, até respeitável, como modo de vida, um modo de ganhar dinheiro como músico, escritor ou fotógrafo, mas apenas graças aos pioneiros em cada campo respectivo. Os anos de Baron na *Rolling Stone* captaram aquele breve intervalo em que tudo era possível e tudo estava mudando. Parte dessa mudança, durante muitos anos, viu o acesso aos artistas dramaticamente restrito e sem benefício a longo prazo para ninguém. Como resultado, existem omissões fotográficas muito evidentes em parte das carreiras de muitos artistas de renome que, talvez por tolice, decidiram que não precisavam de fotógrafos à sua volta. Mesmo bandas iniciantes, em lugares pequenos, controlam o acesso agora, dando "passes" para fotógrafos que podem ter direitos fotográficos sobre elas e seus pontos de vista. Os artistas estão mais guardados e controlados, os fãs, mais exigentes e inconstantes, e há permanente necessidade de informações novas, independentemente da qualidade. Baron parou de fotografar música quando essas condições começaram a se insinuar, trabalhando com sucesso em outras áreas da fotografia que permitiram a liberdade de que ele precisava e esperava.

Quanto a essas imagens que contam uma história, elas certamente contam uma história. Todos os gêneros musicais são cobertos, décadas são abarcadas, histórias registradas e vidas mudadas. Os músicos de hoje tentam recriar a pose de guitarra perfeita ou parecerem bacanas e naturais fora do palco, ironicamente, justamente como eles viram em cópias antigas de *Rolling Stones*. Não importa o quanto eles tentem, nunca irão parecer iguais justamente porque estão tentando, e tudo já foi feito antes, vezes sem fim.

Tudo mudou, mas de novo, nada mudou muito.

Dave Brolan, editor de fotografia, Londres.

Sonho que se Tornou Realidade

Os tempos mudaram, a música mudou, as câmeras mudaram, mas minha gratidão pela oportunidade de documentar um momento único e significativo da história de nosso país persiste.

Eu não poderia ter feito nada disso sem pais que me permitissem "seguir meus desejos", sem os muitos artistas talentosos que fizeram e tocaram a música, sem a visão de um jovem Jann Wenner.

Quando peguei minha primeira câmera e olhei o mundo pelo seu visor, descobri forma em meio ao caos. Embora não tenha percebido isso na época, minha vida havia mudado de forma dramática e para sempre, meu caminho estava traçado. Pelo fato de me perder constantemente no entusiasmo de tirar fotos e encontrar-me na "zona" – como as pessoas criativas em geral descrevem os momentos de criatividade extrema –, tenho relutância em receber os créditos por meus sucessos fotográficos. A "zona" é um lugar onde sinto a força criativa fluindo por mim, não de mim.

O controle era necessário, contudo, sobre minhas câmeras, que em geral eram Nikons, com ocasionais Leica e Hasselblad. Naqueles tempos, não existia exposição automática, foco automático, passagem automática de um fotograma a outro, então eu tinha de ter familiaridade com as bases da fotografia. A maioria de minhas fotos nessa coleção foi tirada com a novidade da época, a Nikon-F e suas várias lentes, um sistema muito confiável e desejado. Eu fotografava, na maioria das vezes, com filme Kodak Tri-X, revelava e fazia folhas de contato em meu próprio quarto de revelação.

Este livro também ficou totalmente sob nosso controle, da concepção à gestação e nascimento. Dave Brolan, primeiro um amigo e depois um extraordinário editor de fotografia, propôs a ideia, negociou o contrato... Depois de vários dias tão difíceis nos cafés de Paris, gravando reminiscências – as quais compõem em grande parte o texto em estilo de conversa deste livro –, Dave mudou-se para meu quarto de hóspedes no estúdio em Santa Fé, onde passou horas examinando meu pequeno (ele acha que é grande) arquivo de fotos de música.

Minha sócia de confiança e amiga, Dianne Duenzl, digitalizou com seu coração, criando arquivos digitais das seleções de Dave. Dianne também nos ajudou a editar tanto o texto como as fotos – suas sugestões eram quase sempre cheias de percepção e inspiradas, e sou imensamente grato por sua participação.

O designer gráfico Don Wise – sim, outro dos inovadores irmãos Wise – pegou o material bruto do livro e, com a ajuda de seu sócio de confiança, Kim Maharaj-Mariano, construiu essa fantástica elegia, em papel, aos anos 1960 "significativos e divertidos".

Obrigado a Tony Lane e Jerry Hopkins por escreverem introduções para este livro, rememorando acontecimentos e sonhos que se tornaram realidade.

Baron Wolman, Santa Fe.

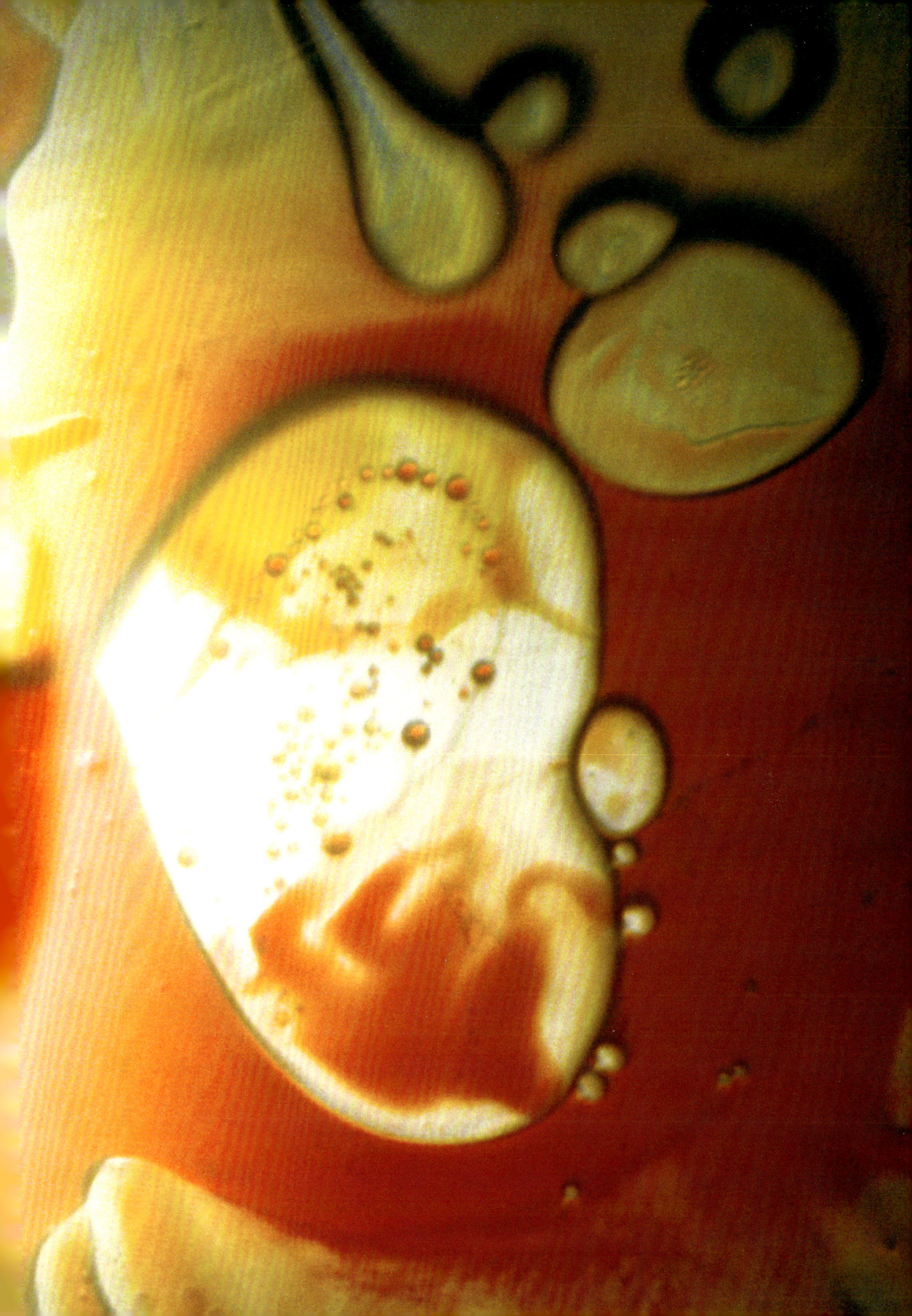

Leitura Recomendada

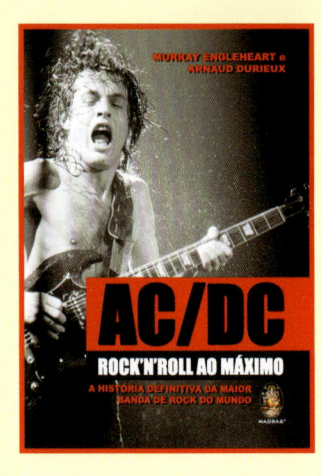

ACDC

Rock'n'Roll ao Máximo

Murray Engleheart e Arnaud Durieux

Há 150 milhões de álbuns, o AC/DC estava fazendo apresentações inesquecíveis no programa de televisão Countdown, da ABC Television – Bon Scott vestido de colegial endiabrado em uma ocasião, Angus Young com uma fantasia de gorila em outra. Desde então, a banda tem marcado os encontros sexuais, bebedeiras, brigas, casamentos, nascimentos, funerais, carros novos e tatuagens de, literalmente, milhões de pessoas de Bruxelas a Brisbane, de Montreal a Manchester, e de todas as cidades do entorno.

RECKLESS ROAD – GUNS N´ ROSES

E o Making Of do Álbum Appetite for Destruction

Marc Canter, com Jason Porath e fotos adicionais de Jack Lue

Quando o adolescente e fotógrafo amador Marc Canter começou a documentar a ascensão de seu melhor amigo Saul Hudson como um guitarrista de rock em 1982, ele não imaginava que na verdade estava documentando a gênese da próxima banda de rock da era.

Seu amigo tornou-se o legendário guitarrista Slash, e o sr. Canter se viu na frente e no centro, testemunhando a criação do Guns N´Roses e a produção de seu álbum lendário *Apetite for Destruction*. O sr. Canter, com a ajuda de Jack Lue, fotografou cada show feito pela banda, desde seu primeiro show juntos, em 6 de junho de 1985, no Troubadour, até sua última performance no Sunset Strip, em 1987, antes de sua turnê internacional como novos artistas da Geffen Records. Essas fotografias capturam suas performances cruas, sangue-suor-e-lágrimas, bem como seus momentos íntimos.

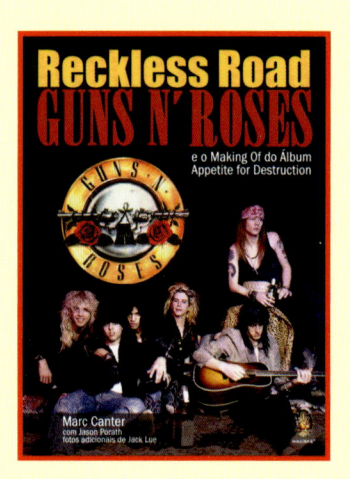

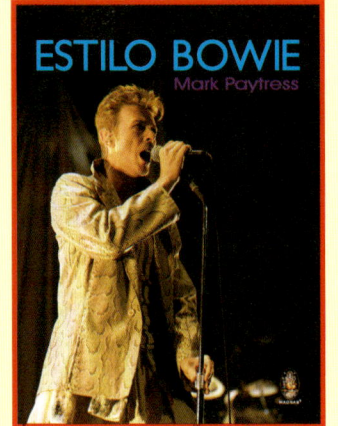

ESTILO BOWIE

Mark Paytress

David Bowie era um menino recatado na escola, mas o tempo mostrou seu modo de ser e seu verdadeiro estilo de vida. O estilo de Bowie significou mais do que roupas, cabelos e cosméticos. Ele é inseparável da arte. São os livros que ele lê, as pinturas que compra, os filmes aos quais assiste. Está associado à maneira como se vê e como vive sua vida. É mais um modo completo de vida do que uma fuga da realidade; isso é o que o torna tão fascinante.

Bowie é um mod impecavelmente arrumado e um homem do milênio apaixonado por tecnologia. Uma desordem de confusão sexual e um símbolo descomplicado e iluminado da riqueza dos anos 1980.

www.madras.com.br

Leitura Recomendada

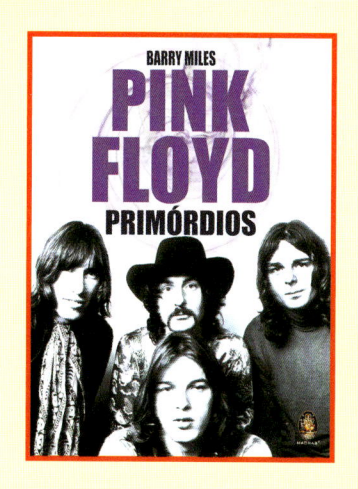

Pink Floyd
Primórdios
Barry Miles

Um relato revelador do início da carreira do Pink Floyd, de suas raízes em Cambridge ao *status* de culto na Londres dos anos 1960. Um retrato detalhado de um grupo lendário em sua ascensão.

O autor, Barry Miles, viu a banda tocar quando eles ainda eram chamados The Pink Floyd Sound e escreveu o primeiro artigo feito sobre eles para um jornal alternativo de Nova York em 1966.

Miles acompanhou o progresso deles, de uma banda de covers de R&B até se tornarem a força musical lendária que criaria um dos álbuns de maior sucesso de todos os tempos – *The Dark Side of the Moon*.

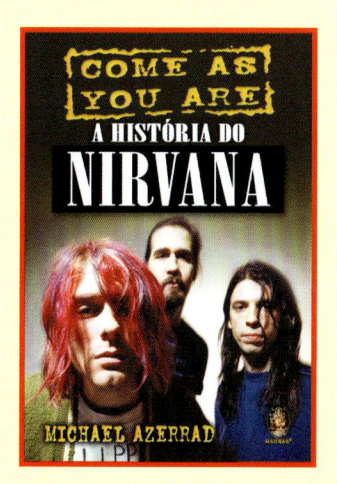

Come as You Are
A História do Nirvana
Michael Azerrad

O Nirvana saiu do anonimato em 1991 para vender quase nove milhões de cópias do clássico álbum Nevermind, no qual o som barulhento e as melodias indeléveis incorporam toda a confusão, frustração e paixão da emergente Geração X. *Come as You Are – A História do Nirvana* apresenta a trajetória do grupo seguida de perto, com entrevistas exclusivas com os membros da banda: Kurt Cobain, Chris Novoselic e Dave Grohl, bem como com amigos, parentes, ex-membros da banda e fãs.

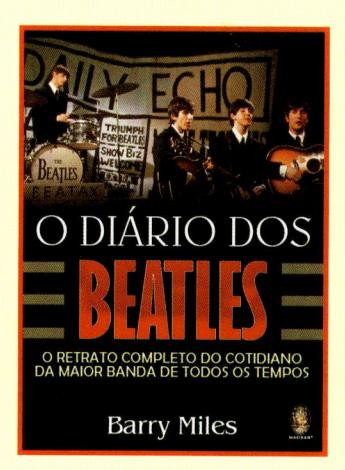

O Diário dos Beatles
O retrato completo do cotidiano da maior banda de todos os tempos
Barry Miles

A mais famosa banda do mundo existiu oficialmente durante dez anos, e sua extraordinária história tem sido o tema de incontáveis livros, filmes e artigos. Esta é a mais completa crônica sobre os Beatles, escrita pelo notável Barry Miles, que fazia parte do círculo íntimo dos Beatles durante a década de 1960. Essa obra contém uma minuciosa cronologia dos shows, locais das apresentações, declarações dos membros da banda e datas memoráveis. Revela a história nua e crua dos quatro integrantes da banda e expõe não só as brigas, a vida de sexo e drogas como também suas vitórias pessoais.

O livro abrange 30 anos, começando durante a Segunda Guerra, em Liverpool, e terminando no final da agitada década de 1960.

www.madras.com.br

Leitura Recomendada

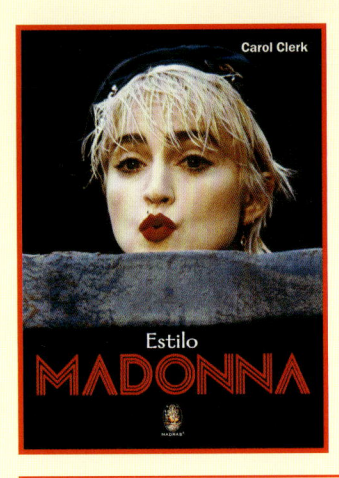

Estilo Madonna

Carol Clerk

Eis aqui uma amostra do estilo inconfundível de uma deusa da cultura pop. Como ela consegue? A resposta pode ser encontrada entre as imagens desta obra voltada para o estilo de Madonna Louise Ciccone, desde a infância em Michigan até a maternidade britânica.

Cada aspecto visual de Madonna é mostrado, incluindo seus dotes naturais no inventivo catálogo de personagens que ela e seu séquito têm conjurado ao longo dos anos. O resultado é um espetáculo de moda promovido por uma mulher notável durante quase meio século.

Hey Ho Let´s Go

A História dos Ramones

Everett True

Desde sua estreia em 1974 na mais famosa boate punk de Nova York, por meio dos álbuns clássicos e apresentações fervilhantes, os Ramones tiveram um percurso memorável ao longo de duas décadas de pop. Eles prepararam o cenário para o punk e o hardcore com seu som tosco e apresentações selvagens de 20 minutos... e sempre puseram a música em primeiro lugar.

Visto pelos olhos de quem estava lá quando tudo isso aconteceu, incluindo músicos, empresários, produtores, jornalistas e gente do cenário punk de Nova York, está tudo aqui: os rompimentos, as situações ruins, os anúncios da Budweiser, os shows e os bastidores de todos os álbuns clássicos.

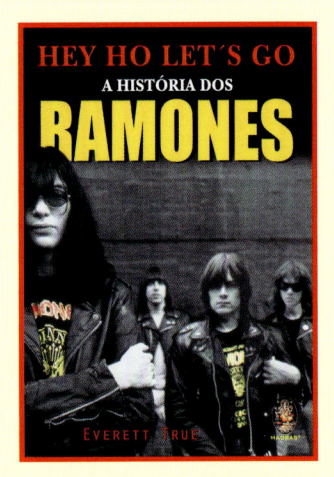

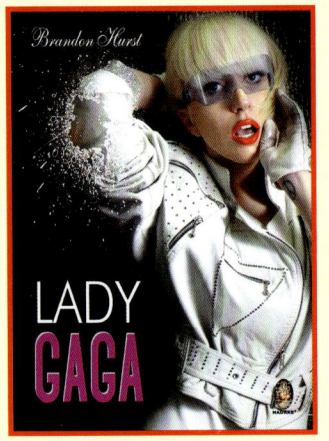

Lady Gaga

Brandon Hurst

O autor de celebridades Brandon Hurst traça a ascensão meteórica para a fama e o conjunto musical desta enfant terrible e nova queridinha dos tabloides.

Da assinatura do acordo com a Streamline Records em 2007 ao ganho de dois Grammys até o momento, Lady Gaga abalou a cena do entretenimento mundial com seu estilo inimitável e capturou a imaginação de milhões de pessoas.

www.madras.com.br

MADRAS Editora

CADASTRO/MALA DIRETA

Envie este cadastro preenchido e passará a receber informações dos nossos lançamentos, nas áreas que determinar.

Nome _____

RG _____ CPF _____

Endereço Residencial _____

Bairro _____ Cidade _____ Estado _____

CEP _____ Fone _____

E-mail _____

Sexo ❑ Fem. ❑ Masc.   Nascimento _____

Profissão _____ Escolaridade (Nível/Curso) _____

Você compra livros:

❑ livrarias ❑ feiras ❑ telefone ❑ Sedex livro (reembolso postal mais rápido)

❑ outros: _____

Quais os tipos de literatura que você lê:

❑ Jurídicos ❑ Pedagogia ❑ Business ❑ Romances/espíritas

❑ Esoterismo ❑ Psicologia ❑ Saúde ❑ Espíritas/doutrinas

❑ Bruxaria ❑ Autoajuda ❑ Maçonaria ❑ Outros:

Qual a sua opinião a respeito desta obra? _____
_____

Indique amigos que gostariam de receber MALA DIRETA:

Nome _____

Endereço Residencial _____

Bairro _____ Cidade _____ CEP _____

Nome do livro adquirido: **_Os Anos da Rolling Stone_**

Para receber catálogos, lista de preços e outras informações, escreva para:

MADRAS EDITORA LTDA.
Rua Paulo Gonçalves, 88 – Santana – 02403-020 – São Paulo/SP
Caixa Postal 12183 – CEP 02013-970 – SP
Tel.: (11) 2281-5555 – Fax.:(11) 2959-3090
www.madras.com.br

Outras obras

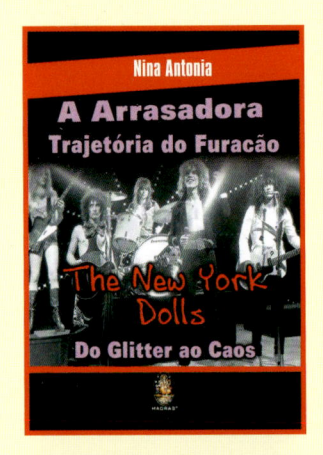

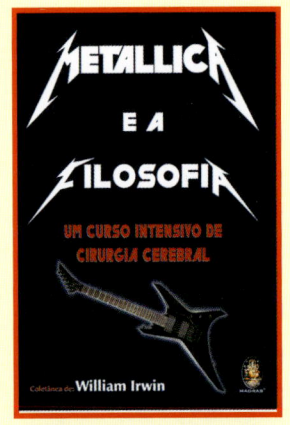

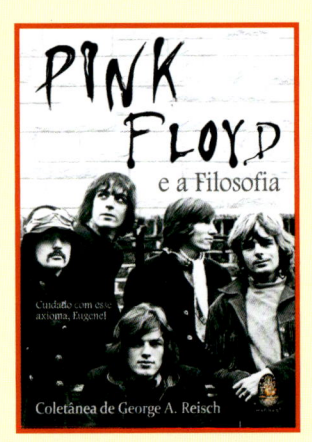

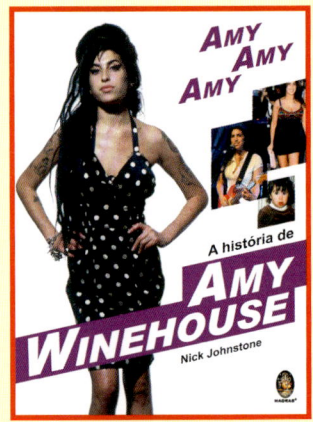

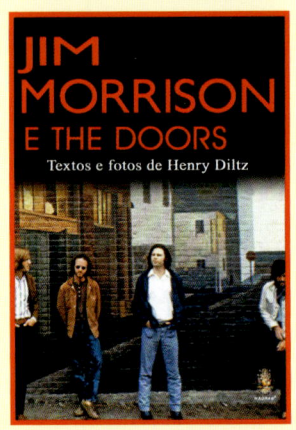

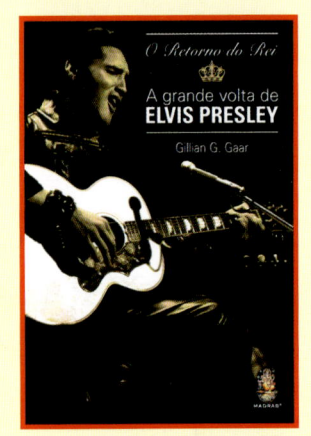

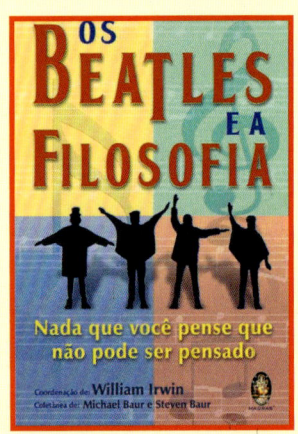

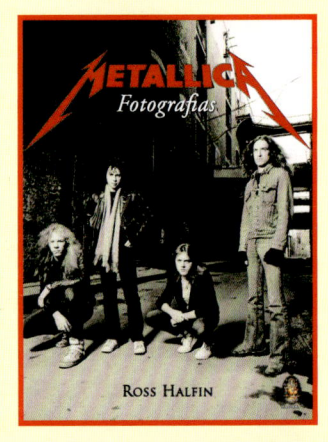

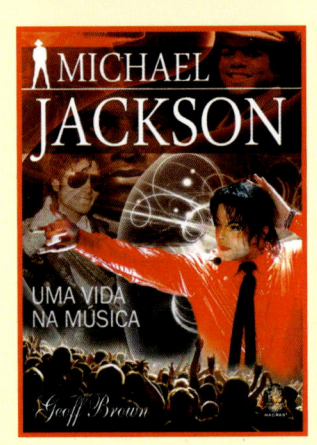

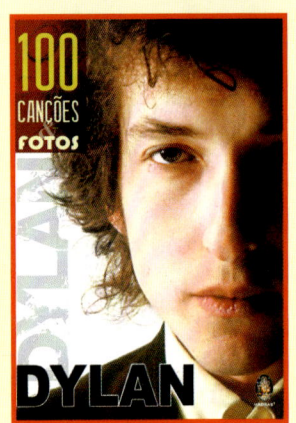

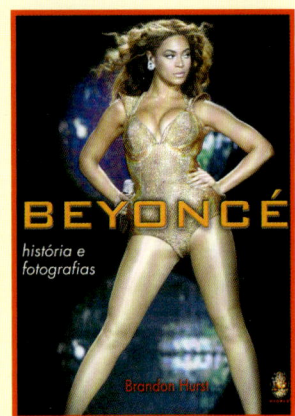

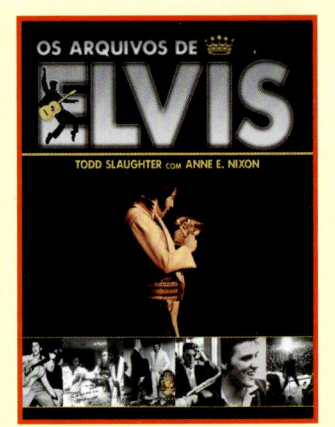

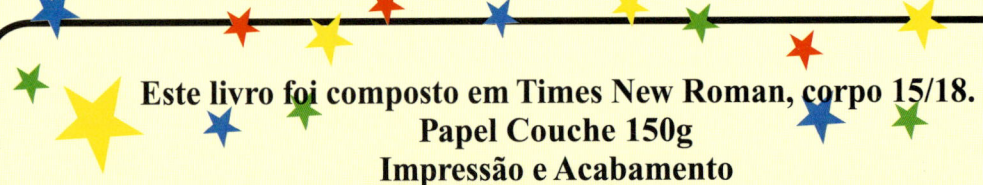

Este livro foi composto em Times New Roman, corpo 15/18.
Papel Couche 150g
Impressão e Acabamento
Av. Engenheiro Billings, 2227/229 – Jaguaré – São Paulo/SP
CEP.: 05321-010 – PABX: (11) 3340-6800/(11) 3340.6900
FAX: (11) 3340-6845 –pancrom@pancrom.com.br